ALVARO FERNANDO

Comunicação e Persuasão
O Poder do Diálogo

ALVARO FERNANDO

Comunicação e Persuasão
O Poder do Diálogo

DVS EDITORA

São Paulo, 2016
www.dvseditora.com.br

Comunicação e Persuasão
O Poder do Diálogo

Copyright© DVS Editora 2016

Todos os direitos para o território brasileiro reservados pela editora.

Nenhuma parte deste livro poderá ser reproduzida, armazenada em sistema de recuperação, ou transmitida por qualquer meio, seja na forma eletrônica, mecânica, fotocopiada, gravada ou qualquer outra, sem a autorização por escrito do autor.

Capa: Darcy Fonseca
Foto capa: Caco Faria
Texto orelha: Manoel Cascão
Foto Orelha: Eduardo Bayeux
Colaborador: Guilherme Bueno Camargo
Diagramação: Studio Schaffer
Revisão: Sally Tilelli

```
Dados Internacionais de Catalogação na Publicação (CIP)
     (Câmara Brasileira do Livro, SP, Brasil)

     Fernando, Alvaro
        Comunicação e persuasão : o poder do diálogo /
     Alvaro Fernando. -- São Paulo : DVS Editora, 2016.


        1. Comunicação 2. Diálogo 3. Persuasão
     4. Relações interpessoais I. Título.



16-08441                                       CDD-302.2
             Índices para catálogo sistemático:
        1. Comunicação    302.2
```

Dedico este livro a todos aqueles com quem compartilhei da intimidade, momento melhor da vida, trocar uma ideia, bater um papo.

Alvaro Fernando

Agradecimentos

Agradeço a todos aqueles que, de seu modo particular e único, me inspiraram e motivaram no caminho da comunicação:

Adriana Schneider, Alessandra Mayra, Alvaro Pureza, André Namur, Beba Zanettini, Beia Carvalho, Beny Waiswol, Bena Lobo, Beto Brant, Beto Dog Face, Bianca Borghetti, Camilo Carrara, Carla Burlamaqui, Carlos Chaer, Carol Arruda, Cássio Faraco, Darcy Fonseca, Delfino Cardia, Diego Avancine, Eduardo Barcellos, Eduardo Bayeux, Eduardo Petit, Edson Xis Werneck, Elenice de Andrade, Emerson Villani, Fabio Manzoli, Flavia Moraes, Flora Alves, Gilberto Cury, Hilda Oliveira, Iggor Cozzo e toda família Cozzo, Isaká Oswaldo, Jamil Ayde, Janka Babenco, Jayme Serva, Jefferson Tong, João Araújo, João Batista Brandão, João Carlos Behisnelian, Rosalba e João Donato, Joca Guimarães, Julia Vieira, Kiko e Rô Avancine, Kiko Perrone, Laerth Maziero, Ling Wang, Liz Reis, Luiz Fernando Lima, Luiz Ferré, Luis Carlos Pauletto, Lucas Teles, Luciana Murakami, Manoel Cascão, Mara Nobre, Marco Acras, Marcos Cury, Marcos Melo, Marcos Santos, Marco Antonio Lacerda, Maristela Real, Maurício Eça, Michele Faria, Noemi de Souza, Pascal Joly, Paulo Bira, Paulo Sarkis, Phill Miller, Philippe Henry, Priscila D'ambrosio, Regina Cury, Renato Assad, Renata Delgado, Rica Caveman, Ricardo Andrade, Ricardo Lobo, Rui Nakano, Samuel Mourão, Sandra Freitas, Sasinho e Beth Sá, Sérgio Salles, Sérgio Guerra, Silvia Morais, Susana Pureza, Suzy Fleury, Thaís Silveira, Tony Gordon, Vania Bueno, Vera Avancine, Victor Pucci, Volker Hubner, Wanda Sá.

Agradeço ainda:

À minha querida família, aos meus filhos, irmãos, cunhados e sobrinhos.

Aos queridos Alexandre Mirshawka e Sergio Mirshawka, assim como a toda equipe da DVS Editora.

A Christian Dunker, Eduardo Muszkat, Fernando Bittencourt, Fernando Pureza, Guilherme Bueno, Luiz Celso Piratininga e Márcio Chleba, pelo constante incentivo e apoio para a realização deste livro.

Sumário

PRIMEIRA PARTE

Capítulo 1
A Primeira Habilidade da Comunicação – Universo Compartilhado . . 13

Capítulo 2
São Paulo City 31

Capítulo 3
A Segunda Habilidade da Comunicação – Estar Presente 39

Capítulo 4
Ribeirão da Ilha 53

Capítulo 5
A Terceira Habilidade da Comunicação – Saber Brincar 59

Capítulo 6
Nada é por Acaso 71

Capítulo 7
A Quarta Habilidade da Comunicação – Mochila de Opiniões 83

SEGUNDA PARTE

Capítulo 8
Alguns Meses Depois. 95

Capítulo 9
Lembre-se de Esquecer! 107

TEXTOS ADICIONAIS

Prefácio. 125

Vídeos. 126

Brasil 127

Argentina. 128

Sobre os Índios 129

Tom Coelho 130

Arte de Viver. 131

Casa no Ribeirão 132

Amigos 133

Principais Temas de Palestras:
Comunicação e Persuasão - O Poder do Diálogo. 135

Protagonismo e Propósito de Vida. 137

Where Are You From? 139

Inovação e Processo Criativo 140

PRIMEIRA PARTE

Capítulo 1
A Primeira Habilidade da Comunicação – Universo Compartilhado

Quando compro um livro sobre como fazer uma pizza quero que o livro comece ensinando-me a meter a mão na massa e fazer uma pizza. Fico ansioso para ver a mozzarella derretendo, ouvir a lenha crepitando e sentir o cheiro da massa e do manjericão espalhando-se pelo ar.

Muitas vezes deparo com textos introdutórios, notas do editor, prefácios de personalidades ou até mesmo uma introdução escrita pelo próprio autor, mas o que eu quero mesmo é partir logo para a pizza. Como fazer?

Acabo indo ao índice ou folheando o livro para descobrir que só lá pelo sexto capítulo a tal pizza começará a ser preparada, mas eu gostaria de prepará-la já no primeiro capítulo. Às vezes pulo textos adicionais que encontro nas primeiras páginas e acabo lendo-os por último, quando já li todo o restante.

Para que isso não aconteça com você, deixei para o fim do livro os textos adicionais e algumas explicações. Assim, partiremos direto para as habilidades da comunicação, pois acredito que se você comprou um livro sobre isso ficará feliz em ir direto ao ponto.

É muito comum pessoas me pedirem dicas objetivas ou uma listagem de pequenas fórmulas para um diálogo aberto e de boa qualidade. Essa lista pode ser feita, mas remete à velha forma de decorar atitudes e comportamentos que serão facilmente esquecidos ou abandonados nos momentos mais importantes.

Isso acontece pelo simples fato de não sermos como um computador, não somos robôs. Desse modo, nossos sentimentos e nossas emoções estão (e devem estar) conosco a todo instante. Elas estarão presentes nas nossas relações e, em vez de atrapalhar, poderão ser um grande trunfo na hora de dialogar.

As quatro habilidades da comunicação que você irá conhecer neste livro estão ancoradas num porto seguro, real e de fácil assimilação. Elas farão toda a diferença no calor de uma conversa mais profunda ou cortante e apresentam-se amparadas no princípio de que suas emoções são uma parte muito importante de você. Essas habilidades incorporam as emoções e os sentimentos, em vez de tentar deixá-los de lado para traçar uma linha comportamental.

Podemos encontrar diversas listas de dicas em publicações especializadas, e elas são muito semelhantes entre si. Escolhi a "Giving Effective Feedback" (Fornecendo *Feedback* Efetivo), uma lista da Harvard Business School Publishing Corporation que oferece ao leitor conselhos sobre como lidar com conversas difíceis e colher os melhores resultados. Veja a seguir:

- Adapte sua comunicação ao estilo do outro; se for alguém muito sociável, inicie a conversa com um papo casual.
- Assuma um tom de voz que traga proximidade.
- Trate as pessoas como elas são e não como você gostaria que elas fossem.
- Coloque-se no lugar do outro para entender a sua perspectiva.
- Tenha uma escuta ativa, dê atenção particular ao que está sendo descrito, às analogias e/ou metáforas.
- Perceba a linguagem corporal do outro, em relação a conforto e desconforto.
- Sinta-se à vontade para perguntar caso perceba desconforto no seu interlocutor.
- Atente para a própria linguagem corporal que você está apresentando.
- Evite mexer em qualquer material, papel ou smartphone, pois isso demonstrará desinteresse.

- Mantenha contato visual e acene com a cabeça para demonstrar entendimento.
- Repita o que foi dito para reafirmar sua compreensão.
- Resista à tentação de justificar críticas ao seu comportamento ou à sua atitude e aguarde o momento de apresentar sua perspectiva de maneira clara e calma.
- Identifique o que pode ser aprendido e foque naquilo que você poderá utilizar no futuro.
- Esteja apto a planejar ações em parceria com seu interlocutor.
- Perceba o momento de dar continuidade ou de encerrar um assunto.
- Mostre aos outros que você está atento àquilo que estão fazendo e também a seus desempenhos.
- Demonstre apreciação por trabalhos bem-feitos.
- Contribua para o desenvolvimento de seus companheiros.
- Divida suas percepções com os outros.
- Esteja atento para propor sugestões realistas.
- Mostre respeito com aqueles que conversa.
- Promova um diálogo em duas vias.
- Não assuma seu ponto de vista como verdade absoluta.
- Evite pensar que as pessoas não irão gostar de você.
- Escolha o momento certo para conversar a respeito de assuntos sensíveis.
- Evite propor soluções que estejam fora do controle.
- Procure perceber o estado emocional dos outros.
- Tenha em mente os assuntos sobre os quais você pretende conversar.
- Prefira sentar-se sem obstáculos entre você e seu interlocutor.
- Mantenha o foco total na conversa; não cheque e-mails ou mensagens de celular.

Contudo, o fato é que se você estiver conectado com as quatro habilidades da persuasão não precisará decorar esta ou qualquer outra lista. Você fará os movimentos de forma natural e tranquila. Conectar-se às quatro habilidades é o mesmo que associar-se a um jeito de ser verdadeiro: sinceridade, honestidade e transparência. Este é o caminho poderoso da persuasão: conectar-se com o lado positivo das relações e das pessoas; ser melhor para si e para o meio em que está inserido.

A primeira habilidade da Comunicação o Universo Compartilhado, trata do nível de imprecisão das palavras. Quando alguém diz que algo é bonito, elegante, gostoso ou divertido, qual o nível de precisão sobre o que foi dito? Posso garantir que nenhum.

Há 25 anos sou compositor de trilhas sonoras para comerciais de TV e tive de aprender por conta própria, utilizando o velho processo de tentativa e erro, a entender com precisão o que as pessoas queriam dizer quando conversavam comigo e explicavam, a seu modo, quais emoções a minha música deveria trazer e qual impacto a trilha sonora exerceria sobre aqueles que a ouvissem enquanto assistissem ao filme.

Precisamos de uma música alegre! – Muitos me disseram isso. Sem perceber que uma "música alegre" para um compositor pode querer dizer qualquer coisa. Faça essa experiência agora. Pense em uma música alegre.

O que você pensou? Samba, *rock*, *funk*, eletrônico? Beatles, Zeca Pagodinho, Macy Grey, Vivaldi? Veja que lhe dei várias opções. Pensou uma outra coisa completamente diferente? Tudo bem, é assim mesmo que acontece. Música é um conceito muito abstrato, assim, uma "música alegre" pode significar uma infinidade de coisas.

Percebi rapidamente que essa habilidade de entender o que alguém tenta me dizer é fundamental para o sucesso do meu negócio, uma vez que, em caso contrário, eu simplesmente terei de compor uma nova trilha e, ainda mais trabalhoso, gravá-la outra vez.

Adicione a isso a experiência de olhar o rosto de decepção do meu cliente ao ouvir a trilha sonora e pensar: *"Poxa... Não era nada disso que eu estava esperando... Não foi isso que eu falei... Ele não me entende"*.

É provável que você vivencie situações como essa em sua atividade e, de repente, se perceba refazendo algo e resmungando internamente: *"Porque ele não explicou direito?"*.

Lembro-me de dois momentos nos quais tive "estalos" sobre a imprecisão das palavras, assim como do número de infortúnios que isso poderia causar.

O primeiro foi no começo de minha carreira de produtor musical, quando estava numa reunião junto com meu amigo Sergio Salles, um dos criadores e sócio da Vetor Zero, empresa que alguns anos mais tarde se transformaria na maior produtora de computação gráfica da América Latina.

Nós estávamos numa reunião de pré-produção em uma agência de publicidade, para, juntos, produzirmos um comercial de TV de trinta segundos. Ele seria o responsável pela produção das imagens, e eu pelo som.

O anunciante, por sua vez, era uma famosa cadeia de lojas de *fast food*, que já havia pré-aprovado o roteiro e sempre se utilizava do termo "revolucionário" para referir-se ao trabalho.

— *Quero algo revolucionário*, ele dizia. *Precisamos de algo revolucionário!*

Por mais que tentássemos chegar a algo mais específico que isso, com todo jeito e calma, a mensagem era sempre a mesma: *algo revolucionário*.

Quando saímos da reunião perguntei ao Serginho o que ele tinha entendido e a resposta não poderia ser mais contundente:

— Alvaro, pra mim algo revolucionário é o Che Guevara em cima de uma montanha desfraldando uma bandeira e o povo lá embaixo gritando: *E Viva! E Viva! La revolucion!*

Demos algumas risadas e fomos embora. Saímos de lá com uma interrogação na cabeça, mas, na época não tínhamos experiência o bastante para dizer ao cliente que ele não estava sendo claro e que a expressão "algo revolucionário" não era o suficiente para nós.

Será que ele se satisfaria com um líder revolucionário com uma bandeira na mão?

Resultado: o processo de produção acabou sendo desgastante para todos os envolvidos. O trabalho custou para ir ao ar e, posso garantir, com uma concepção estética e um conteúdo nada revolucionários (pelo menos para mim).

Acredito que ele sugeria algo que nunca tivesse sido feito antes, alguma coisa que revolucionaria a arte de fazer filmes de propaganda, algo nunca visto.

Na arte, algo revolucionário pode ser considerado aquilo que se caracteriza pela inovação, originalidade e ousadia, ultrapassando padrões preestabelecidos.

Naquele momento aquela palavra como orientação era um retrato da imprecisão. Aquela experiência toda foi um "estalo" para mim. Foi ali que comecei a desconfiar do significado das palavras. Percebi que para uma boa comunicação precisamos ir mais adiante, conhecer o universo do outro e reconhecer os limites do que pode ser compreendido por meio da linguagem.

Para definir uma música, por exemplo, deparar com adjetivos do tipo *"alegre"*, *"amiga"*, *"motivadora"*, *"energética"*, *"emocionante"*, *"pra cima"*, *"moderna"*, *"descolada"* ou *"revolucionária"*, pode não revelar nada.

O segundo "estalo", foi um estalo no sentido lato, ou melhor, uma sequência de estalos feitos com a língua, foi de verdade. O que é um estalo para você?

Eu estava em viagem de férias na Suazilândia, uma das poucas monarquias remanescentes na África, que faz fronteira com Moçambique e África do Sul.

Quando tenho a oportunidade de conhecer lugares com culturas muito diferentes fico extremamente feliz. A excitação por me familiarizar com povos distantes faz com que eu durma pouco e acorde muito cedo.

Antes mesmo das seis horas da manhã eu já estava de banho tomado e a caminho do local onde seria servido o café da manhã do hotel. O lugar ainda estava fechado para os hóspedes, então, o que pude fazer foi sentar numa espécie de varanda do hotel que dava acesso ao local onde o café seria servido.

Dali eu podia observar a natureza montanhosa da região, que desvendava um *canyon* cinematográfico. Havia um ventinho calmo e recém-nascido.

Aproveitei para admirar o movimento silencioso dos cozinheiros e atendentes que preparavam a refeição matinal, trazendo pratos fumegantes da cozinha para o grande salão onde o café seria servido. Algumas travessas exalavam aromas desconhecidos e preciosos que aguçavam a minha curiosidade e abriam meu apetite.

De vez em quando, reconhecia no desfile uma terrina cheia de doce de leite africano, com aroma de especiarias que lembravam canela e anis, ladeado de biscoitos e pãezinhos doces com pedrinhas de açúcar.

De repente apareceu algo que mais tarde eu descobriria ser um guisado de carneiro e champignon apimentado com cheiro de ervas frescas. Passados uns vinte e cinco minutos a cordinha que impedia a entrada no salão foi retirada, sinalizando a abertura do espaço. Eu finalmente pude me aproximar de uma das mesas, colada à cozinha.

Pensei que estando próximo da cozinha eu conseguiria escutar o que os cozinheiros conversavam e poderia, inclusive, tentar conhecê-los e me enturmar, tudo isso enquanto esperava pela chagada do meu pessoal para que tomássemos o café juntos. Porém, não foi isso que aconteceu.

Ao chegar mais perto percebi que eles estavam conversando numa língua completamente desconhecida. Eles falavam através de estalos de língua contra o céu da boca. Um perguntava *"slack slack slicks?"* e o outro respondia *"sluck slicks slock,sluck, sloooockts"*, e por aí em diante.

No início considerei que eles estivessem só brincando, mas, aos poucos fui me conscientizando de que aquilo era um diálogo num dialeto local. Mais tarde aprendi que eles conversavam numa língua chamada *!Xóõ*, também conhecida por *Taa*, praticada nas regiões de Botsuana e Namíbia.

Alguns linguistas afirmam que o idioma possui 164 consoantes e 111 cliques. Confesso que não tenho uma concepção clara do que seria uma consoante em *!Xóõ*, além disso, minha ideia do que seria um clique é bem pessoal, mas posso lhe garantir que é uma experiência inimaginável ver duas pessoas batendo um bom papo com estalos de língua. Sensacional! Eu nem tinha tomado o café da manhã e já havia ganho o meu dia!

À medida que a conversa avançava e eu reconhecia algumas expressões faciais ou sinais familiares, fiquei inebriado com a possibilidade de compreender ao menos o tom da conversa, o gestual, o tangível para alguém que não sabia uma só palavra naquele idioma.

Palavra? Gostaria de compreender ao menos um significado objetivo dentre todos aqueles sons que eram produzidos como uma microtimbalada linguística.

Foi então que comecei a me perguntar qual o nível de precisão que eles conseguiam alcançar. Como diziam os numerais? Como seria recitar uma poesia, narrar um texto descritivo detalhado, dizer o nome das estrelas... Como afinal aquilo funcionava?

De que maneira uma pessoa quem tem o *!Xóo* como língua nativa é impactado ao ver e ouvir, pela primeira vez, pessoas conversando em outra língua que se utiliza da emissão do som vocal?

Para mim o nível de imprecisão do *!Xóo* parecia absurdo e a comunicação deveria ser muito superficial, simplesmente porque não é assim que se fala. Estalando a língua? É óbvio que, dentro da minha cabeça brasileira, considero que o português, este sim, seja claro como a luz do dia.

Quando emito sons pela boca consigo alcançar um nível considerável de precisão e nitidez, mas é bem perceptível que essa nitidez não é completa. A primeira habilidade da persuasão, o Universo Compartilhado, é tomar consciência e agir a partir dessa nova perspectiva.

As palavras não são precisas e os diálogos também não. Todavia, quase a totalidade das pessoas acredita no oposto, ou seja, que existe clareza e precisão nas palavras. Essa percepção está equivocada e, ao perceber esse conceito, conversar com alguém passa a ser uma *arte*.

Quando vemos um especialista cuidando de um jardim, um cozinheiro cortando os legumes ou um músico preparando seu instrumento, percebemos um cuidado especial. Um misto de atenção e destreza.

Essa é a primeira habilidade, tratar as palavras como um especialista, ficar atento à sutileza por trás de cada frase. Isso te leva a conhecer rapidamente o seu interlocutor.

Quanto mais identificamos essa característica das palavras, a imprecisão, mais facilidade temos em observar as reações que as palavras causam em nossos interlocutores.

À medida que identificamos o repertório de palavras que estamos ouvindo e passamos a formar frases com essas mesmas palavras, criamos um Universo Compartilhado.

O Universo Compartilhado é um conceito poderoso e maior que simplesmente "usar as mesmas palavras". Ele pode se estender a "conhecer os mesmos lugares", "ler os mesmos livros", "ouvir as mesmas músicas", "viver as mesmas experiências", etc.

A experiência do café da manhã e o "estalo" em relação à imprecisão da linguagem me foram permitidos pelo encontro com uma outra cultura, e me revelaram um novo conhecimento.

As viagens e os relacionamentos em lugares distantes nos trazem vivências e informações extremamente preciosas, proporcionando-nos uma sequência natural de exercícios de aprendizagem.

Esse tipo de aprendizado foi muito especial quando, dias depois, eu passei a noite de 31 de dezembro numa praia em Durban, na companhia de um milhão de zulus. Libertados por Nelson Mandela, pela primeira vez após anos sob o regime de *apartheid* eles reconquistaram o direito de ir e vir, e puderam festejar a passagem de ano nas areias daquela cidade.

Quando falo da festa de fim de ano na praia de Durban, com um milhão de zulus, me vem à cabeça o espaço interior do hotel onde me encontrava hospedado, com pessoas sentadas pelas escadas.

A quantidade de gente era tão grande que o hotel não estava preparado para o que aconteceu e o espaço foi invadido por turistas assustados à procura de um copo de água, um lugar para sentar ou um banheiro.

Da sacada, voltada para a praia, eu podia ver o desenrolar da festa na orla. A cena era composta pela avenida à beira-mar, por um grande jardim que acompanhava toda a calçada, pela praia e pelo mar.

A sonoridade remontava um estádio de futebol, com, não milhares, mas milhões de pessoas falando ao mesmo tempo. A brisa do mar trazida pelo vento aromatizava a festa em harmonia com a umidade da noite quente que era exalada pelo oceano.

Nem a avenida nem o jardim, tampouco a areia da praia, podiam ser vistos, pois estavam totalmente ocupados. A água do mar também se mostrava lotada com muitos zulus que entravam com roupa e tudo.

A parte em frente ao hotel era conhecida por acidentes com tubarões e, por isso, havia uma rede de proteção para banhistas. Imagine uma tela parecida com as que cercam uma quadra de tênis colocada dentro do mar para separar os banhistas dos tubarões. Deu para imaginar? Pois era assim.

Enquanto eu descrevo a vivência que tive nesta festa inesquecível de fim de ano você vai formando um conjunto de ideias sobre o que de fato aconteceu. Utilizando-se de sua memória e capacidade de interpretação, você transforma a informação recebida em algo que encontra aderência e se torna concreto à medida que corresponde a alguma experiência que você viveu, formando assim a sua percepção da festa, ou seja, de como a festa foi para você.

Esta relação de diálogo em que eu e você nos colocamos neste momento é muito diferente da relação de diálogo que eu tenho com uma pessoa que estava junto comigo nesta viagem, a quem eu posso apenas dizer: Lembra daquela festa de ano novo em Durban?

Quando eu digo *"lembra daquela festa de ano novo em Durban?"*, BINGO! De uma maneira muito mais precisa e imediata algum companheiro de viagem remonta àquilo que vivenciamos e podemos então reviver juntos os momentos específicos e detalhes daquela noite festiva histórica na costa africana.

Essa especificidade de vivência singular que tivemos juntos nos proporciona um universo compartilhado de conhecimento e facilita extremamente o nosso diálogo sobre o assunto "ano novo em Durban".

Isso abraça uma série de conceitos que manipulamos o tempo todo no nosso dia a dia, todos bastante complexos e imprecisos, como por exemplo: noção, assimilação, concepção, imaginação, fantasia, combinação, discernimento, ajuste, inteligência, mentalidade, razão e julgamento.

A primeira habilidade da comunicação, o Universo Compartilhado, está na atenção e constatação de que aquilo que estamos dizendo ou escutando proporciona um significado comum para aqueles que participam do diálogo.

Quando digo: *Eu estava num lugar lindo!* O que isso quer dizer para você?

Para desenvolver-se na habilidade do universo compartilhado você precisa estimular dois pontos: o primeiro, em que o foco está na atenção e disciplina; o segundo, em que o foco está no conhecimento.

O primeiro ponto de atenção é algo muito simples e, aproveitando isso, ressalto que você, está prestes a mudar completamente a forma de se comunicar com os outros, escapando de uma série de chateações às quais ficamos expostos quando o fazemos com displicência e colhemos o fruto do desentendimento. Esteja atento ao "estalo" de que as palavras são imprecisas.

Quantas vezes você já escutou alguém dizer frases do tipo: não foi nada disso que eu falei; eles não entendem nada que eu digo; ou ainda, você está colocando palavras na minha boca.

Em sua próxima reunião de trabalho aproveite os momentos em que você não é um dos interlocutores para observar se o que está sendo dito por um está sendo compreendido pelo outro. Você vai ter uma enorme surpresa.

Durante minha carreira de compositor de trilhas sonoras para publicidade fiz mais de três mil trilhas. Você consegue imaginar o que é isso? É bastante coisa! Sou muito agradecido a todos com quem convivi e sempre amei o meu trabalho. Minha vida era dividida entre duas situações básicas: reuniões e gravações.

Se concordarmos que cada trabalho exigia ao menos duas reuniões (garanto que é mais do que isso), uma de pré-produção e outra de apresentação, podemos concluir que eu cheguei a fazer no mínimo seis mil reuniões.

Quando o número de trabalhos simultâneos ficava maior, eu abria mão da parte de gravação e me dedicava a estar presente nas reuniões de *briefing* e apresentação. Fazia reuniões com clientes quase todos os dias, incluindo fins de semana e feriados.

Essas reuniões eram muito parecidas e, na maior parte do tempo, eu ficava calado, assistindo às conversas sobre os assuntos mais variados: a importância da presença do pai numa mesa onde se bebe Coca Cola; como uma faxineira experiente faz para checar a consistência de um sabão em pedra Brilhante; os germes que podem ou não ser afetados pelo uso de Listerine; ou o poder do apelo ecológico sobre os clientes do banco Itaú.

Na parte de produção acontecia a escolha dos atores, a demonstração do filme em *storyboard* (uma espécie de história em quadrinhos utilizada nas reuniões para ilustrar a estrutura dos filmes), a leitura de roteiros, a escolha de cenários, as locações, os figurinos, a iluminação e, finalmente, a música, os efeitos sonoros e a locução.

Essa parte toda de produção era praticamente idêntica em todas as agências e em todos os produtos, portanto os diálogos simplesmente se repetiam, como se eu estivesse vendo um filme pela segunda ou terceira vez. O fato é que pouquíssimas coisas mudam e a maioria permanece igual.

A repetição é uma das bases do aprendizado e, realizada de maneira constante, proporcionou-me a habilidade de perceber quando as pessoas se utilizavam de palavras semelhantes para expressar sentidos diferentes. Esteja a partir de agora atento aos momentos em que isso acontece com os outros e tenha a consciência de que isto também acontece com você.

Essa nova postura nas reuniões irá desenvolver rapidamente a sua habilidade de dialogar com mais precisão. Não perca a chance de entender os outros com clareza e você se tornará cada vez mais cristalino e econômico naquilo que diz.

Toda palavra proferida tem um significado que está fora de seu controle e, numa conversa mais aguda, ela poderá chegar como uma faca ou uma flor na mente daqueles que estão ao seu redor. Resumindo, o primeiro ponto de atenção é perceber e assumir que isso acontece o tempo todo.

O outro ponto de atenção que você tem que estimular para desenvolver a sua habilidade do universo compartilhado tem como foco o conhecimento.

Quando utilizo a festa de fim de ano em Durban para exemplificar o universo compartilhado lanço mão da ideia de duas pessoas que viveram a mesma experiência juntos.

O que aconteceria se imaginássemos incluir alguém que passou o ano novo no mesmo hotel, mas no ano seguinte? De certa forma o universo compartilhado estaria lá de maneira muito forte.

Quando converso sobre a experiência de ter ido a um estádio de futebol com alguém que nunca foi, tenho dificuldades. Porém, se falo com alguém que já viveu essa experiência algumas vezes não é preciso que ele tenha ido no mesmo jogo que eu para que se identifique com as emoções que senti, e vice-versa.

Eu tenho um universo compartilhado com pessoas que gostam de ouvir Pink Floyd, sem que nunca tenhamos ouvido o *Dark Side of de Moon* juntos. Você já ouviu o *Dark Side of The Moon*? Se já ouviu, sabe do que estou falando; se nunca ouviu, não sabe. O que amplia drasticamente a sua performance no diálogo no campo do universo compartilhado é aquilo que você de fato conhece.

À medida que você se dedica a ampliar o seu conhecimento sobre o mundo e sobre sua atividade, você está apto a se tornar um *expert* na comunicação relacionada ao que faz.

O conhecimento é a pedra fundamental para o entendimento do outro e, conforme você se dedica a conhecer mais profundamente um assunto, as chances de identificar a imprecisão das palavras é muito maior. Perceba o que acontece quando alguém explica a outra pessoa como se faz para chegar a um determinado lugar. Vamos imaginar uma situação em que você está assistindo uma pessoa explicando a outra como chegar a um lugar que você conhece muito bem, até melhor do que aquele que está dando a orientação.

O que acontece em geral é que você vai acompanhando o diálogo e se, sob o seu julgamento, aquela explicação não estiver sendo clara o suficiente, você na mesma hora começa a duvidar do resultado e se, ao final, o que pergunta conseguirá alcançar seu destino ou se acabará parando no caminho para pedir novas informações.

É por essa razão que, na maioria das vezes que assistimos a esta cena, queremos fazer uma intervenção, dar *sugestões,* introduzindo novos pontos de referência ou dicas da região. Se você conhece muito bem o caminho, dificilmente conseguirá fica calado.

Em contrapartida, se você não faz a mínima ideia do trajeto, provavelmente vai assistir à cena em silêncio e, no fim, acreditará que aquela explicação foi muito boa. Não é assim? Quando você aumenta o seu conhecimento passa a ter erudição no assunto.

A palavra erudição tem, para a maioria das pessoas, um significado que se aproxima da arrogância. O eruditismo parece estar destinado às pessoas de nariz empinado, que se acham melhores que as outras.

Não caia nessa! A erudição nos seus assuntos só lhe trará alegria. O que pode ser arrogante ou não é o que você faz com esse conhecimento. Conhecer algo de verdade jamais o fará arrogante. Ao contrário, a arrogância é um sinal de ignorância.

Quando você participa de uma conversa em que está à vontade, pois tem conhecimento de sobra sobre o assunto, aquilo o torna atraente, o deixa interessante. Não se preocupe em mostrar seu conhecimento.

Comece a reparar que quando alguém conhece algo profundamente não tem esse impulso de querer demonstrar aos outros. Pelo contrário, ao se aprofundar muitas vezes passa a ser mais cauteloso ao apresentar suas percepções.

Quanto mais você conhece um assunto, mais percebe o quanto desconhece desse mesmo tema. Compreende isso?

Sócrates já dizia, *"Só sei que nada sei."* Ele tinha a dimensão de tudo aquilo que estava além de suas possibilidades. Existe uma noção de conhecimento que diz que ele é igual à sua capacidade de perceber o quanto desconhece.

Certa vez fui contratado para fazer a trilha sonora para uma das maiores coleções particulares de whisky do mundo. Um projeto bem diferente e que me interessou de cara. O dono da coleção era um empresário de grande porte no ramo de engenharia de infraestrutura. Ele pediu para que a agência que cuidava da comunicação de sua empresa desenvolvesse algo para a sua coleção de whisky e o resultado foi a criação de um megasite que demonstrava a riqueza histórica de toda a coleção, com milhares de fotos e rótulos.

Havia mais de vinte mil garrafas diferentes catalogadas e expostas em uma catedral construída para esta finalidade, a Catedral do Whisky. (catedraldowhisky.com.br)

Quando eu era garoto, minha falecida mãe tinha o hábito de catalogar em um caderno os rótulos dos whisky diferentes que encontrava. Isso me despertou certo interesse pelo assunto e eu conhecia alguma coisa sobre essa bebida.

Pedi para que o pessoal da agência me explicasse o tipo de trabalho que desenvolveríamos, mas o dono da agência, o Herbert, me informou que era uma exigência do cliente que eu fosse pessoalmente conhecer a coleção.

A Catedral ficava numa cidade a uns 70 Km de distância de São Paulo. Conseguimos, enfim, uma data em que todos os envolvidos, inclusive o seu José Roberto, dono da coleção, pudessem se encontrar no local.

Depois de passar uma manhã inteira muito divertida conversando sobre whisky, e tendo acesso a duzentas espécies sobre as quais eu nunca tinha ouvido falar, conheci uma imensa coleção de garrafas de porcelana em formato de cantores famosos como o Elvis Presley, artistas de Hollywood e personagens da história.

Lá estava a maior coleção de whiskies japoneses das américas, que se localizava em outra área isolada, fora da catedral.

Outra de whiskies camuflados como latas de azeite, negociados a peso de ouro na época da lei seca dos EUA.

Garrafas numeradas de whiskies que foram servidos em casamentos de príncipes, em formato de taco de golfe, skate e saxofone. Garrafas de bandas de *rock*, rótulos comemorativos de aniversários de destilarias e uma infindável quantidade de referências históricas que justificaram plenamente a exigência de irmos até lá.

Saí dali entendendo muito mais de whisky do que quando cheguei e, ao mesmo tempo, muito mais consciente da minha ignorância sobre o assunto. Perceba, conforme você vai adquirindo o conhecimento ele vai revelando uma série de outros "conhecimentos", desconhecidos. Ou seja, conhecer aumenta a sua fronteira com o desconhecido.

Uma última curiosidade: durante a visita não tomamos um único gole de whisky. O seu José não bebe! Ele gosta de coleções.

Você já deve ter cruzado em seu caminho com alguma pessoa que pensa que sabe tudo e que você julga ignorante. Por outro lado, também deve ter conhecido uma pessoa muito sábia que vive dizendo que não sabe nada.

Esse hábito de só assistir filmes curtos na internet, confundir cultura com entretenimento e se desconectar dos assuntos que exigem mais dedicação, acaba com a capacidade de se comunicar.

Eles te conectam com a superficialidade, como se você estivesse no mar, mas sempre no nível onde as ondas encontram as rochas, fazendo aquele balé espumante de sonoridade retumbante e hipnótica.

Você pode ficar horas lá admirando a água do mar batendo nas pedras. Mas, se depois de um tempo desejar de fato conhecer o que está vendo, terá de mergulhar e se dirigir ao fundo do mar, onde encontrará o silêncio e, na profundidade, aquilo que é revelador!

Aumentar o seu conhecimento é uma ferramenta poderosa na hora de encontrar algum ponto de contato, de identificar o universo compartilhado com os outros e alcançar os objetivos que são realmente importantes para você.

Quando comecei a fazer palestras sobre o poder do diálogo, competência que acredito ter me proporcionado o sucesso que alcancei em minha carreira, e resolvi ampliar meu conhecimento sobre as habilidades conversacionais, conheci o trabalho de David Bohm.

Foi por intermédio da leitura de seus livros sobre processo criativo e diálogo que consegui ordenar alguns conceitos que sempre apliquei no campo profissional, mesmo sem conhecer a estruturação do que ocorria em minha mente.

Bohm viajou pela Europa e pelos Estados Unidos ministrando seminários de cunho científico e filosófico. Ele propunha a experiência de criar grupos de conversas sem uma agenda preestabelecida, para, desse modo, iluminar o entendimento sobre o processo de diálogo.

O que se percebia claramente é que no início as pessoas, de um modo genérico, atendiam ao impulso de defender suas posições e opiniões, mas, aos poucos, percebiam que a proposta era mais rica do que isso: compreender como nos comportamos enquanto dialogamos.

Com o tempo os participantes tendiam a abandonar seus postos e a valorizar o relacionamento com o grupo, não se atendo exclusivamente ao objetivo de defender suas próprias ideias.

No livro "Diálogo – Comunicação e Redes de Convivência" (Palas Athena, 2008), ele escreve sobre o conceito de significado compartilhado que apresentou ao mundo como cientista e humanista, um conceito profundo que coloca a relação do diálogo e o significado compartilhado como instrumento de transformação das relações humanas.

"Sustento que a sociedade se baseia em significados compartilhados, os quais constituem a cultura. Se não compartilharmos significados coerentes, não construiremos uma sociedade digna desse nome. Nos dias atuais, a sociedade de um modo geral tem um conjunto muito incoerente de "significados compartilhados". Tal conjunto é tão incoerente que fica difícil dizer que eles tem qualquer significação real. Há um volume de significações, mas ele é muito limitado. No geral a cultura é incoerente e portanto, levaremos conosco para um grupo - que é um microcosmos, uma microcultura - os correspondentes individuais dessa incoerência." David Bhom, Diálogos – Comunicação e redes de convivência, 1996 – pag. 67)

Como você pode perceber, Bohm é um questionador dos nossos critérios em relação àquilo que consideramos relevante.

Você poderá encontrar na internet alguns vídeos desse físico quântico norte-americano, falecido em 1992. Ele viveu quatro anos em São Paulo nos anos cinquenta, naturalizou-se brasileiro e trabalhou na USP.

É considerado um dos maiores físicos do século vinte. A tese de doutorado de Bohm é considerada segredo de Estado e nunca foi publicada. Uma figura muito calma e simpática.

A forma sintética com que ele trabalhava em seus textos, a relação da nossa natureza, o ambiente em que vivemos, a força das emoções, a natureza randômica de nossos pensamentos, o entendimento da memória e a herança cultural, me possibilitaram entender, ainda mais, como é fácil nos confundirmos enquanto trocamos palavras.

Esteja certo de que, a partir do momento em que você adota uma postura de desconfiança sobre a precisão das palavras, adquire mais confiança em dialogar com o outro. A partir desse momento, desse "estalo", não será mais tão fácil se deixar confundir pelo uso impreciso dos sons que produzimos com a boca.

Avalie o nível de atenção daquele que se dirige a você. Se a conversa estiver no campo da displicência, esteja certo de que vai receber uma enxurrada de palavras com significado de valor duvidoso.

A habilidade do Universo Compartilhado o torna muito mais atraente e perspicaz, e a introdução desta competência em seu modo de pensar e agir mudará de maneira extremamente positiva a sua relação com os outros.

Conecte-se com a ideia de que há algo além das palavras quando estamos dialogando. Esse *algo além* é o tema de nossos próximos capítulos.

Capítulo 2

São Paulo City

Sou apreciador de viagens, jornadas, caminhos, etc. Penso sempre na importância de viver o momento, e isso, quando sob a luz do trabalho, diz respeito aos processos.

A importância do tempo é um dos temas ao qual me dedico em palestras para provocar a reflexão sobre o processo criativo. Agora, vou contar um pouco a respeito do meu processo criativo para escrever este livro. Vamos intercalar os momentos em que falo sobre as quatro habilidades e a viagem, a jornada. Penso que este caminho seja revelador e importante, pois se vamos estudar a persuasão é bom que dialoguemos um pouco também, concorda?

Moro na Rua Doutor Bacelar, no bairro da Vila Clementino em São Paulo, e minha relação com a cidade anda complicada. Viver em São Paulo não é fácil. A mobilidade urbana é um absoluto caos e me relacionar diariamente com um oceano de automóveis me deixa perplexo.

Há 3 anos desisti de andar de automóvel. Estava numa festa de aniversário de um amigo e fui apresentado a um dono de loja de veículos usados. No dia seguinte encontrei um cartão de visitas em meu bolso e me dirigi para a loja, que ficava no bairro de Moema; uma loja muito bonita com alguns carros a venda.

Ele não estava, então deixei meu cartão e a chave do carro com a recepcionista simpática, porém durona, e fui pra casa a pé me sentindo livre como um pássaro.

Fiquei alguns meses andando de ônibus e metrô. Adquiri uma bicicleta elétrica que me proporcionou outra visão da cidade. Descobri lugares muito interessantes, como lojinhas, pastelarias, sorveterias e mercados pelos quais passava semanalmente, sem nunca tê-los notado.

De que me adiantava ver algo se a ideia de estacionar o carro é uma missão que até o Dalai Lama acabaria mandando para aquele lugar?

A liberdade de poder parar a qualquer instante redimensiona a possibilidade do que pode acontecer durante o trajeto entre um lugar e outro. Percebi que as distâncias percorridas eram muito menores do que pareciam de carro. A ideia de sair de casa sem carro é libertadora.

Andando de modo gentil e vagaroso você atinge pontos distantes. Em vez de se tornarem uma pedra no sapato ao nos forçarem a contorná-los utilizando vias entupidas, os parques (como o do Ibirapuera por exemplo, que é rente à minha casa) servem para cortar caminho, nos permitindo a passagem por ruelas arborizadas, com lindos visuais e sons de passarinhos.

O fato de a *bike* ser elétrica transforma a cidade em um lugar plano, pois nas subidas o motor é acionado e, nos espaços planos, uma pedalada lhe proporciona aquele deslizar que, mesmo se você não anda de bicicleta faz tempo, ainda deve se lembrar de como é gostoso.

Quando comecei a andar sem automóvel tive a nítida percepção de que é exatamente ele, o carro (que em tese deveria te levar de um lugar ao outro) que nos impede de chegar lá. rsrsrsrs.

Até mesmo nos grandes centros urbanos você pode facilmente ir de um bairro até o outro, mas, se pretende levar consigo um elemento de uma tonelada, com 3 bancos, 4 janelas, aparelho de som e bagageiro, essa tarefa não será tão simples.

É isso que quase todas as pessoas estão fazendo ao redor do mundo: pequenos passageiros de 70 quilos, em média, andando dentro de um brutamontes de uma tonelada e, logicamente, sofrendo com os resultados do famoso "excesso de veículos".

Sendo assim, por princípio já não tenho mais carros. Fiquei um ano andando de *bike* por aí, curtindo a vida anarquista e a sensação de passar por um fiscal de trânsito sem culpa.

Para minha infelicidade, depois de um ano esse maravilhoso mundo de deslizar pelas ruas começou a se apresentar pouco efetivo quando era preciso me dirigir rapidamente a locais distantes. Eu ficava cansado ou, simplesmente, era muito longe para pedalar até lá.

Pegar um taxi nem sempre resolvia, pois nas grandes avenidas eles trafegam nas pistas reservadas aos ônibus, mas volta e meia lá está você se sentindo como uma tartaruga em meio a mais um milhão de outras tartarugas.

A ideia de abandonar um processo de locomoção que no primeiro instante me parecia perfeito, e que me devolveu a vontade de sair de casa, me deixava triste. Então fui persuadido por um amigo que tenho como irmão desde os 10 anos de idade, o Pureza, a adquirir uma scooter de 300 cilindradas, que, com facilidade, venceria distâncias maiores atravessando o pântano de carros.

Vamos nessa?, ele me perguntava entusiasmado. *Eu compro uma e você compra outra, no mesmo dia, na mesma loja... pode deixar que eu agito tudo!*

Pode deixar que eu agito tudo? Essa frase é muito poderosa. Não resisti.

Um ano e seis meses depois estou em cima da minha *scooter city com 300,* costurando com cautela para não arrancar o retrovisor de alguma tartaruga empacada na avenida Brasil, indo ao encontro da Priscila, no IPT, Instituto de Pesquisas Tecnológicas do Estado de São Paulo, que fica no *campus* da USP.

Conheci a Priscila por intermédio de outra amiga, a Vânia, que fora casada com outro amigo, o conhecido fotógrafo Eduardo Barcellos, que, por sua vez, me foi apresentado pelo filósofo midiático, Gianandrea Zellada, que trabalhou como engenheiro de som em meu estúdio, indicado pela Telma, irmã da Miriam, que fora casada com o Caco, meu irmão. Deu pra sacar? Assim é a vida, não é?

Na minha cabeça estava este livro. Eu já havia organizado o conteúdo do que iria escrever e naquela manhã, quando a chuva deu uma apertada e o transito ficou ainda mais caótico, eu pensava: não quero escrever este livro aqui em São Paulo. É muita bagunça!

Os pingos batiam mais forte na parte de cima do capacete, fazendo um som de percussão de ritmo descoordenado, mas com um ótimo timbre molhado. Com a capa de chuva que me cobre dos pés à cabeça pode chover o rio Amazonas que eu não fico molhado, porém, na chuva a visibilidade fica comprometida e as tartarugas aprisionadas ficam estressadas e enfurecidas.

Quando finalmente tudo se encaixota, deixando eu e mais dois motoboys, daqueles com baú (os mais perigosos) presos entre um SUV gigante e um caminhão de mudanças, um dos motoboys aponta para o SUV e me diz algo que, somados o efeito acústico dos dois capacetes, o dele e o meu, a barulheira da chuva, o som dos carros e a percussão no meu cocuruto, soava mais ou menos assim: *Ummmgghstr buuunddssss...Kkkkkkkkk*

Era um grunhido fofo e grave, dentro do capacete, seguido de uma gargalhada almofadada.

Eu olhei para dentro do SUV gigante, mas tudo que conseguia ver era uma menina falando ao celular, como faz a maioria dos tartarugueses. Nesse momento eu também já estava morrendo de rir da piada engraçada do motoqueiro, que eu nunca vou saber qual foi.

O trânsito tinha parado completamente, então eu fiquei ali, olhando para o motoboy risonho e refletindo sobre como o estado de humor de uma pessoa pode ser contagiante até numa situação daquelas. O que será que ele falou?

Nunca fui um fã de automóveis, mas sempre gostei de compor para comerciais de carros. Fiz várias trilhas sonoras para comercias de TV das marcas Fiat, GM, Ford, Honda, Audi, Volkswagem e Hyundai. Dentre estes, alguns eram de carros robustos, com opção de tração nas quatro rodas.

Lembro-me de uma ação de *marketing* em que alguns clientes em potencial eram convidados para um *experience day*, uma visita a um superestande fora da área urbana, onde seria proporcionado um passeio no meio de terrenos enlameados e riachos, para mostrar a performance do carro em terrenos difíceis.

Perguntei se os compradores usavam o carro para isso e meu amigo Darcy Fonseca, publicitário que pilotava a campanha na agência J.W.Thompson, me explicou que não. Ele disse que, na verdade, 85% dos compradores jamais dirigiram fora da cidade ou acionavam a opção 4x4. Segundo ele, 80% dos usuários sequer pensavam em fazer isso.

— Mas então porque que eles escolhem um carro assim? – perguntei.

— Eles gostam. Eles compram pelo que o carro representa e pela motivação aspiracional. Chegam em casa, deitam e cabeça no travesseiro e pensam: *Uau, eu sou um aventureiro!*

E ali estava uma pequena aventureira com um carro bem grande, capaz de escalar o pico da Bandeira, mas parado no cruzamento da avenida Brasil com a rua Veneza no Jardim Paulista, encalacrando a passagem das motos.

Eu precisava sair dali, ou ia acabar me atrasando para a reunião em que conversaríamos sobre uma palestra minha dali a um mês para pesquisadores do IPT, em que trataria do assunto "Persuasão".

O tal caminhão de mudanças começa a se mover e abre uma pequena passagem por onde eu e os outros motoqueiros escapamos e voltamos a andar.

Foi então que, ao ver toda a tartarugagem movendo suas patas e o céu acinzentado, e sentindo o cheiro de gás carbônico dentro do meu capacete percussivo, veio novamente o desejo: quero escrever o livro em outro lugar. Em um local bem tranquilo e junto à natureza.

Nesse exato momento, quase deixo escapar o pensamento, quando um motoboy passa rápido a 5cm de mim e por muito pouco não leva meu braço direito com ele, sabe-se lá para onde.

Dizem que os carros não respeitam as motos. Posso garantir que essa afirmação não é verdadeira. Os carros não só respeitam, como temem. Na maioria das vezes, os motoristas têm reações que demonstram o temor que sentem pela aproximação de um motociclista.

Mas se existe alguém que não vai te respeitar é outro motociclista. É a representação de amor e ódio em estado de graça. Se você parar a sua moto com algum problema não precisará pedir ajuda, pois, em menos de cinco minutos mais de um motoqueiro irá parar para ajudá-lo. Acredite!

Mas se você estiver andando na frente de um deles e for considerado um objeto embaçador, ou seja, alguém que, por falta de prática, destreza ou por pura lerdeza, o está impedindo de passar, ele te atropelará, não importa se você o viu ou não!

E foi isso que esse motoboy acabara de fazer, completando a manobra com o braço levantado e me enviando um sinal obsceno.

Lembro-me da gargalhada do outro motoqueiro minutos atrás e *deixo ir*. Presto atenção no trânsito enquanto busco na memória algum lugar incrível para se escrever um livro.

A reunião no IPT foi muito interessante. É uma honra fazer uma palestra num instituto com 115 anos de existência. Além disso, trabalhar junto com a Priscila é muito gratificante.

Existem pessoas que têm prazer em compartilhar seus conhecimentos. Quando você os compartilha, não divide seus conhecimentos, ou seja, a sua parte não fica menor nem maior. Não é como compartilhar um bombom, Sonho de Valsa, por exemplo. Alguém dá uma mordida e lá se vai metade do seu Sonho de Valsa. Com o conhecimento, a impressão que tenho é que quanto mais você compartilha, mais consistente ele fica.

Ao chegar em minha casa me vem à mente a encantadora casa que os amigos Andrea e Eduardo Bayeux (um casal ainda mais encantador) possuem no alto de um morro no Ribeirão da Ilha, bem de frente para o braço de mar que separa a ilha do continente em Florianópolis. Ele mora na região da lagoa e tem essa casa como refúgio.

Dada a intimidade que temos, não esperei nem um minuto para pedir a casa emprestada por algum tempo.

— Edu, tudo bem? Tô querendo passar uns dias na sua casa do Ribeirão da Ilha para escrever um livro, pode ser?
E o Edu respondeu:
— Ahhhhh moleeeeque...! Quando você chega?
Fiz as malas e me mandei para uma viagem-retiro-livro-curtição.

Capítulo 3

A Segunda Habilidade da Comunicação – Estar Presente

Esta habilidade é aquela que geralmente as pessoas pensam que já possuem. Porém, dentre as quatro, é a mais complicada de adquirir plenamente.

Desde pequeno eu jogo tênis, incentivado por meu falecido pai. Até hoje ainda participo de campeonatos organizados pela Federação Paulista de Tênis.

Certa vez, estava treinando para um torneio estadual de duplas com meu parceiro Jefferson Tong, um gaúcho descendente de chineses (o que dá uma combinação bem interessante). Ele é um chinês alto e descolado, que chega para você dizendo coisas como "bah", "tchê" e "tri-legal", causando um impacto singular e simpático.

Acontece que o Jeff começou a desmarcar ou mudar os horários do tênis, sob o pretexto de que precisava respirar.

— Precisa respirar? Pow, Jeff!! Respira aqui no clube!

Comecei a desconfiar que o Jeff tinha entrado para uma espécie de seita misteriosa, indicada por uma amiga dele, um tanto suspeita que morava em Nova York.

Durante algumas semanas, tentei dissuadi-lo da ideia de ter que ir a algum lugar específico para respirar. Era absurdo!

Mas o tiro saiu pela culatra e ele é que acabou me convencendo a ir conhecer uma fundação internacional pacifista de combate o estresse, chamada The Art of Living (no Brasil, Arte de Viver).

Presente em 155 países, é a maior fundação de voluntários do mundo, tendo mais voluntários que o Green Peace. Em 2016, o aniversário de 35 anos do The Art of Living foi celebrado no aeroporto de Nova Deli, uma festa de quatro dias em homenagem à diversidade cultural, que recebeu três milhões de pessoas. A festa contou com a apresentação de 25 mil artistas (voluntários). O palco era do tamanho de dez campos de futebol, e você poderá encontrar tudo sobre isso com facilidade na *web*.

Coincidentemente, uma das sedes da fundação ficava a poucas quadras de minha casa, o que facilitava as coisas em relação ao tal pesadelo da mobilidade, então, quando me dei conta, estava chegando para fazer um curso cujo nome era bem sugestivo para principiantes: Curso Parte 1.

Para encurtar a história, hoje eu sou voluntário da Fundação Arte de Viver e facilitador do curso "Yoga Sutras de Patanjali", que trata de filosofia e disciplina com foco nos estados de consciência.

Depois de aprender o que acontece quando damos atenção especial ao nosso processo respiratório, e de adentrar os caminhos da meditação e do autoconhecimento, fui arrebatado pelos yogas sutras de Patanjali, que deram origem aos textos milenares de estudo da yoga.

No Brasil e em muitos países do ocidente, a palavra YOGA remete aos Sadanas, ou posturas de exercícios físicos conhecidos em todo planeta.

Se alguém lhe diz que "faz" yoga, a maioria de nós imediatamente o imagina numa sala semelhante à de prática de ginástica, fazendo posições mirabolantes, plantando bananeira ou sentado em posição de lótus.

Quando fiz o curso Patanjali, na Arte de Viver, ouvi pela primeira vez que os exercícios físicos que conhecemos como yoga são uma das oito ramificações básicas de uma filosofia preciosa que se faz urgente nos dias de hoje, em que as pessoas não vivem o presente e passam o dia remoendo decisões do passado ou aprisionados na ansiedade em relação ao futuro.

Muitos dos maiores iogues da história do oriente não se dedicavam aos exercícios e sim às outras ramificações do estudo da yoga. Eles tratam de nossa percepção de mundo, da concepção de espiritualidade e de assuntos vitais para o desenvolvimento da felicidade.

Assuntos que deveriam ser o foco principal de nossas escolas de ensino básico e médio e que transformariam a nossa sociedade em poucos anos.

A busca por essa transformação é ao que se dedica o fundador da Arte de Viver, o líder humanitário Sri Sri Ravi Shankar, um erudito em literatura que todos os anos discursa em mais de quarenta países enfatizando a necessidade de reforçar os valores humanos e promover a harmonia interreligiosa, reivindicando uma educação multicultural como solução contra o fanatismo e o alcance da paz sustentável em nosso planeta. (artofliving.org)

"Uma educação preocupada prioritariamente em desenvolver de forma consistente uma sociedade livre de violência, um corpo livre de doença, a mente livre de confusão, o intelecto livre de inibição, a memória livre de trauma, a alma livre de tristeza". (Ravi Shankar – Sabedoria Para o Novo Milênio, Arte de Viver, 2008)

A educação deveria lançar a todos nesta direção.

Quando terminei o terceiro ano do ensino médio, que na época se chamava colegial, prestei vestibular para Direito e me formei pela USP.

Nos primeiros anos da faculdade, como um *prêmio,* fui trabalhar com meu primo, Kiko Avancine. Ele era campeão Sul Americano de tênis e cuidava da parte administrativa de uma construtora familiar. Foi meu primeiro emprego e aprendi muito com ele.

Quando eu acompanhava o Kiko em algumas reuniões, costumávamos bater papos animados no carro, até que em um certo momento ele dizia: *De agora em diante, vamos conversar só sobre o assunto de que vamos tratar lá. Quero chegar inteiro na reunião.*

Essa foi a minha primeira lição sobre a habilidade de *Estar Presente,* que carregaria comigo ao longo de toda a minha vida profissional. Experimente fazer isso e colherá ótimos resultados. É uma dica simples e poderosa.

Mais tarde mergulhei no aprendizado da fundação apresentada pelo Jeff. Tomei contato com os ensinamentos do líder humanitário Sri Sri Ravi Shankar, com quem aprendi tudo o que escrevo neste capítulo e que, assim como David Bohm fez em relação ao Universo Compartilhado, me permitiu compreender o processo da habilidade de *Estar Presente*.

Nossa mente funciona como um pêndulo. Ela fica balançando entre o passado e o futuro. Preste atenção na maneira como o pêndulo de um relógio de parede funciona; ele balança de um lado para o outro e passa rapidamente pelo centro. É ali, na posição central, que está o presente.

O efeito disso é que sempre estamos alternando entre o passado e o futuro. Acordamos e começamos a pensar em nossas tarefas do dia a dia, nossa mente começa a listar o que deve ser feito: levantar, escovar os dentes, tomar banho, se arrumar, tomar café e se dirigir para o trabalho.

Isso é o que a maioria das pessoas faz; você começa a planejar o que vai fazer e a imaginar o que o dia lhe trará pela frente. Mentalmente você começa a antecipar alguns possíveis problemas e a arquitetar planos para resolvê-los.

Será que fulano já vai ter chegado? Preciso falar com ele. Preciso checar tal coisa. Assim que chegar já vou tratar de tal assunto. E assim por diante. Não é assim que a sua mente fica?

Num lapso de segundo o pêndulo se movimenta e te remete ao passado e você começa a rever coisas que deveriam ter ocorrido ou atitudes que poderiam ter sido tomadas (ou simplesmente tomadas de outra maneira).

Esqueci de responder tal e-mail, acabei deixando para hoje a resposta do fulano, a decisão que tomei ontem sobre isso ou aquilo me deixou inseguro... não sei se de fato deveria ter feito tal escolha, outra escolha poderia ter sido melhor... e assim o pêndulo vai e volta. Ele nunca para, e isso faz com que sua mente fique cada vez mais agitada.

Ocorre que, quando o pêndulo se move para o futuro ele promove a ansiedade e a preocupação, e quando se movimenta em direção ao passado traz a culpa e o arrependimento.

Você não vai conseguir resolver os problemas que precisarão de sua presença enquanto estiver dentro do carro, do elevador ou na cadeira de praia em um dia lindo de sol. Mas sua mente não lhe deixa em paz; ela quer resolver tudo agora.

À medida que o pêndulo se move de um lado para o outro, ele passa rapidamente pelo presente. De fato ele passa tão rápido que é quase imperceptível.

Esse é o motivo que faz com que algumas pessoas nunca prestem atenção no que estão vivendo. Você liga para os amigos e o que eles te dizem? *Estou na correria.*

Você volta a ligar alguns meses depois e eles ainda estão na correria, mas a impressão que você tem é que eles estão no mesmo lugar. É uma correria ineficiente, uma correria a lugar nenhum. Quando você olha para si, percebe uma situação semelhante. É como correr dentro de um trem ou de um avião, você não vai chegar antes que o avião chegue. É impossível.

O que acontece quando um avião aterrissa? No segundo seguinte em que ele para de se mover, a maioria das pessoas se levanta; as mais rápidas tomam as posições no corredor e as outras ficam em pé, no espaço entre sua poltrona e a da frente.

Acontece que não dá para ficar em pé direito porque tem o local onde guardamos as bagagens de mão. Então, elas ficam em pé com a cabeça abaixada e as costas curvadas (a posição não poderia ser pior, mas os passageiros não conseguem mais ficar sentados). As portas estão fechadas e ninguém consegue sair da aeronave, mas todos estão muito ansiosos.

Às vezes, esse processo de desembarque exige um pouco mais de tempo e todos começam a ficar irritados e a reclamar, em algumas ocasiões com crianças no colo ou carregando mochilas pesadas.

Quando viajo para fazer palestras levo a menor bagagem possível e nem passa pela minha cabeça despachá-la. O mais curioso é que, ao passar diante das esteiras, acabo cruzando com grande parte dos passageiros que estavam corcundas e irritados, ainda esperando por suas malas.

O pessoal da companhia aérea tem que retirar todas as malas da aeronave, colocá-las no carrinho e direcioná-las à plataforma de desembarque de bagagens. Isso tudo demora mais que o tempo que alguém leva para sair correndo da aeronave e chegar às esteiras.

Esse estado de consciência agitado e apressado é o que nos leva ao estresse. Temos uma série de atividades profissionais, sociais e familiares e estamos em constante movimento. Por outro lado, dispomos de uma agenda onde deve caber tudo e ainda de uma energia limitada.

Nossa mente fica calculando tudo isso o tempo todo e, quando ela chega à conclusão que você não terá condições de cumprir todos os seus compromissos em tempo hábil, fica estressada.

Sua maneira natural de ser é boa e positiva. Essa, aliás, é a natureza de todos nós. Quando você perceber que está falando de maneira áspera e tratando alguns à sua volta de forma rude é porque o estresse chegou até você.

Esse é o instante em que o estressado começa a envenenar suas relações com palavras ásperas e desnecessárias. Esse tipo de comportamento tende a atrair atitudes semelhantes daqueles que estão ao seu redor. Nesse momento é que entramos no ponto de atenção da habilidade de estar presente como ferramenta do diálogo.

Quando você toma conhecimento desse diálogo interno e consegue acalmar a sua mente para conversar com os outros, transforma-se numa pessoa muito mais atraente e compreensiva. As pessoas sentem.

Em que momentos você poderia me dizer que está 100% no presente? Quando está fazendo algo que lhe traz uma satisfação preciosa, quando está envolvido com atividades relacionadas às suas paixões. No instante em que você dá um abraço em seus filhos ou em alguém que ama, numa conversa íntima, namorando... Momentos que realmente valem a pena e sempre serão lembrados.

O contato com a natureza também é capaz de parar o pêndulo no ponto de onde ele nunca deveria sair: no presente.

Você assiste a um pôr do sol de cima de uma montanha, faz uma trilha pela floresta, mergulha numa cachoeira e sua mente se acalma. Dominado pela força da natureza, você vive o presente.

Peça a um amigo surfista para te contar o que ele pensa enquanto surfa pelas ondas e ele vai te responder: *Nada*. Ele vive e desfruta o presente intensamente.

Se você pratica algum esporte regularmente, isso funciona. Enquanto se concentra na ideia de vencer um jogo com os amigos, abandona a possibilidade de resolver a sua agenda atolada.

Naquele momento em que está jogando uma partida de futebol, você percebe um espaço na defesa adversária, se desloca e recebe um lançamento em direção ao gol. Aí, do nada, se lembra que esqueceu de responder um e-mail no escritório. Não! Isso não acontece.

Naquele momento em que a bola quica no gramado, a mente entrega os pontos, o pêndulo para e só o gol te interessa. Você está no presente. A habilidade que transforma o seu processo de dialogar é estar o tempo todo consciente de que você não é a sua cabeça e não tem controle preciso sobre ela.

Um conceito que aprendemos no ensino básico escolar é que nosso corpo é provido de movimentos voluntários e involuntários. Andar, correr, mexer os braços etc. são movimentos claramente voluntários. Enquanto isso, o grupo dos movimentos involuntários é formado pela digestão, pelas batidas do coração, pelo funcionamento dos órgãos internos, etc.

Agora a pergunta: em qual grupo você colocaria os seus pensamentos? No grupo dos voluntários ou dos involuntários? Você controla aquilo em que está pensando ou os pensamentos vão se formando alheios às suas escolhas? Enquanto você pensa e decide eu vou te contar uma história.

Quando me persuadiu a ir até a Arte de Viver, meu amigo Jeff não imaginava que eu iria me envolver tanto. Porém, ele não conhecia a minha vertente ligada ao estudo da filosofia, tampouco os efeitos que viver intensamente a música por 30 anos nos proporcionam.

Se formos hoje fazer uma visita à Índia, onde nunca estive, e perguntarmos quem foi Sócrates, Descartes, Pascal, Montesquieu, Russeau e Hegel, provavelmente não encontraremos com facilidade alguém capaz de nos dar uma boa resposta, apesar de estarmos falando dos maiores representantes do pensamento ocidental.

A experiência oposta pelo vértice aconteceu comigo quando comecei a tomar conhecimento da filosofia oriental, cujos conteúdos filosóficos datam do século lV a.C.

Entre estas idas e vindas, ouvi dizer que existia um curso com um título mais apetitoso do que Parte 1, em especial para um músico profissional. O curso chamava-se a "A arte do silêncio" e seria num hotel totalmente horizontal e muito charmoso na gostosíssima praia de Maresias, no litoral norte de São Paulo, durante um feriado de quatro dias.

A novidade é que o curso tinha como uma das ideias centrais a experiência de ficarmos sem falar durante os quatro dias. Esse curso é ministrado com o mesmo formato e conteúdo nos 155 países onde a fundação está presente. É onde o Jeff reaparece na história.

— Bah...ta sabendo do curso do silêncio... o que é que tu acha?

— Jeffão, acho muito pra cabeça, quatro dias sem falar? Pra quê?

— Vamos nessa tchê...vai fazer o que nos feriados? Vai um monte de gente. Vai ficar aqui de bobeira? Vamos lá ver qual é, só pode ser bom. Não queres? O Victor tá atrás de você; ele vai também; já combinamos. Tu vai fazer um som lá com ele.

O Victor Pucci é uma figura queridíssima, que toca um violão harmonioso e calmo e canta muito bem. A ideia de tirar uns dias para tocar violão na praia com ele me parecia bem atraente, mas quatro dias sem falar?

Confirmei a ida do Victor, ligando para ele

— Mas Victor, não pode falar?

E ele — É... mas cantar pode!

— Fui.

O curso A Arte do Silêncio revela-se uma experiência muito pessoal, mas posso te confidenciar que no meu caso, dentre outras coisas, tratou de uma beleza muito profunda que é "parar de pensar".

Sou muito agradecido por todas as viagens que a vida de músico profissional me proporcionou e por mais outras tantas que fiz por conta própria. Uma sequência de imagens me passa pela cabeça, do farol do fim do mundo na Patagônia aos estúdios de Holywood, mas essa viagem para Maresias foi a única em que em um determinado momento meu pensamento se foi. Todas a pessoas do mundo deveriam ter o direito de fazer uma viagem dessas; deveria ser obrigatório nas escolas públicas e privadas de todo o planeta.

Pronto, acabou a história. Pensou?

Em qual grupo você colocaria os seus pensamentos? Voluntários ou involuntários? Você controla aquilo em que está pensando ou os pensamentos vão acontecendo alheios às suas escolhas?

Normalmente a resposta que colho em minhas palestras quando faço essa pergunta é algo como: Às vezes são voluntários, outras não. O piscar dos olhos também funciona assim, eles são involuntários, mas você é capaz de piscar seguidamente se desejar. São o que alguns chamam de movimentos semivoluntários.

E quando você vai conversar com alguém, o que acontece? A mesma coisa?

Enquanto o outro fala, sua mente sai elaborando respostas, rebatendo argumentos e fazendo planos para o futuro. É assim, não é? Isso reduz a quase nada a sua capacidade de envolvimento no diálogo. Enquanto você administra essas atividades todas em sua mente, seu interlocutor continua falando e sendo "semiescutado".

Para entrar num diálogo de forma eficiente, você deve estar num estado de consciência semelhante àquele que sente quando está fazendo o que mais gosta (deve estar surfando uma onda junto com o seu interlocutor).

Se, olhando para os últimos anos da vida, o que se tornou natural foi correr dentro do trem e passar os dias com um pêndulo fritando para frente e para trás, isso não deve estar lhe trazendo bons resultados e é capaz de causar tristeza, ansiedade e depressão.

O mundo contemporâneo nos expõe a uma quantidade de impulsos completamente enlouquecedores. Executivos descrevem o aparelho celular como uma bomba relógio que pode estourar a qualquer momento. Andar por aí todos os dias com uma bomba relógio no bolso não é tarefa saudável.

Por isso, a segunda habilidade da comunicação é a mais complicada de todas e exige disciplina e um movimento orquestrado. O começo está em colocar na sua agenda regular momentos em que você está envolvido com suas paixões. Nesse momento alguém pode estar pensando em me dizer que simplesmente não tem tempo para isso. É como se você me dissesse que não tem tempo para viver.

Por incrível que pareça, esses momentos "importantes" são os primeiros a ficar de fora, dando lugar aos "urgentes", que normalmente não envolvem paixão nenhuma. Manter a mente calma quando for dialogar é o que te faz *Estar Presente*.

Não permita que sua mente tome as rédeas e saia fazendo o que bem entender com seus pensamentos. Amplie o ponto de atenção para o momento presente e observe o momento presente do outro. Identifique aqueles que estão dialogando com você de maneira estressada e impensada, e não leve adiante conversas nessa situação. Espere o momento oportuno.

Estar presente durante o diálogo irá potencializar ao máximo sua capacidade de entender o outro, e você perceberá que as pessoas ao seu redor terão interesse em se aproximar de você.

Exercícios de respiração e prática de meditação lhe trarão experiências em que você viverá o presente de maneira plena. Existem centenas de profissionais oferecendo esse tipo de trabalho a colaboradores de empresas, pois simplesmente as pessoas não aguentam mais a rotina. Essas práticas estão disponíveis em vários locais e não será difícil encontrar um lugar conveniente em sua cidade.

Assim como o exercício físico e a boa alimentação, a prática de meditação é muito importante para que você obtenha clareza no que diz respeito a seus desejos mais elevados, e será como uma limpeza do para-brisa de seu carro que lhe propiciará a visão do seu real propósito de vida.

Geralmente, quando enalteço a importância da meditação, encontro bastante resistência e muito preconceito. Trata-se de um conceito muito simples que encontra obstáculos e encalha antes de ser compreendido. Quem sabe você não me dá uma chance dessa vez?

Os exercícios físicos e treinamentos trazem resultados consistentes em nosso preparo físico e em nossa estrutura muscular. É um aprendizado simples; movimentamos a nossa musculatura com disciplina e exercícios apropriados, e ficamos cada vez mais fortes. O movimento e o uso trazem o fortalecimento.

Com a mente é diferente; ela fica mais forte quando relaxa e descansa. O uso excessivo e intermitente traz o enfraquecimento e promove atitudes pouco inteligentes tomadas por uma mente fragilizada. Perceba que quando tiramos férias voltamos mais lúcidos. A musculação da mente é a meditação e, quando feita com regularidade, elimina o estresse e promove infinitos benefícios.

É natural para os ocidentais relacionar a meditação com alguma atividade religiosa. Vem logo à mente a imagem de um iogue sentado de pernas cruzadas e mãos sobre os joelhos, entoando o *Ohm* e, provavelmente, falando com Deus. Mas essa é uma concepção destorcida da realidade.

A meditação é uma disciplina que vai te ajudar muito a conquistar os seus maiores objetivos. A disciplina, por definição, é algo que inicialmente não parece muito agradável. Algo que pode ser imposto a você ou que você impõe a si mesmo.

No começo, sua mãe ou alguém que lhe presta cuidados, te obriga a escovar os dentes e volta e meia, está lá cobrando que esta atividade seja cumprida. Mas o desejo não é seu. É uma imposição de outra pessoa.

— Fulano, você já escovou os dentes?

Naquele instante você acha que não é preciso escovar ou, em outros casos, nunca pensou sobre isso. Até um dia que você percebe o valor de cuidar dos dentes e não precisa mais que alguém lhe obrigue a fazer isso. Você simplesmente vai lá e escova. Agora essa imposição passou a ser sua. Uma disciplina.

Se existe um desejo verdadeiro em se tornar uma pessoa muito capaz no processo do diálogo, considere a ideia de conhecer algum local onde se pratica a meditação.

Não estou propondo que vá ao Himalaya e passe lá o resto dos seus dias, tampouco que leve a sua vida para dentro da meditação. Sugiro apenas que traga o estado meditativo para as suas relações, assim, você irá lembrar para sempre o dia afortunado em que leu esse capítulo.

Existe uma frase emblemática do filósofo alemão Nietzsche, que diz: *"es denkt in mir"* (algo pensa em mim). Perceba que a frase não é "eu penso" e sim, "algo pensa". Existe uma força capaz de pensar dentro de você e que não é subordinada aos seus desejos ou à sua deliberação.

No primeiro dia do curso A Arte do Silêncio fomos orientados a ir caminhar pela praia a fim de encontrar um local isolado e apenas observar o que nossa mente fica fazendo. Apenas observar, sem avaliar nada nem fazer nada.

Esse exercício foi de uma preciosidade tremenda, pois pela primeira vez na vida tomei consciência de que não sou a minha mente.

Tenho plena consciência de que não sou o meu pé ou o meu nariz, mas como a mente tem esse caráter de controle central vivi a maior parte da vida aprisionado à ideia de que, se minha mente estava ansiosa ou irritada, quem estava ansioso ou irritado era eu.

Existe uma grande diferença entre uma mente irritada e uma pessoa irritada. Se eu sou capaz de observar aquilo que está passando na minha mente e fazer esta distinção, começo a desenvolver a capacidade de acalmá-la.

Se você fizer uma avaliação rápida de sua vida, verá que momentos maus e bons acontecem o tempo todo, e em sequência.

Você está muito chateado, pois acaba de receber a notícia de que a viagem de férias que planejara durante meses acaba de cair por terra em virtude de um compromisso chatíssimo de trabalho, do qual você não conseguirá escapar. Então, sua mente começa a transformar sua vida num inferno, acendendo caldeiras por todos os lados e praguejando dia e noite.

Ela tira o seu sono e o leva a um estado de mau humor insuportável (a você e a todos ao seu redor). Mas eis que o inesperado acontece. Você recebe um telefonema dizendo que os planos mudaram; o tal compromisso profissional inadiável será só daqui a vários meses e você pode viajar tranquilo.

Sua mente dá um salto de alegria e você sai por aí dançando a Macarena e mandando beijinhos a todos que cruzarem o seu caminho.

Perceba, entretanto, que logo ali na esquina, seu avião poderá não partir, seu passaporte talvez esteja vencido ou, quem sabe, o hotel cancele sua reserva inesperadamente. Existe também a chance de chover no dia do passeio que você tanto espera, ou, ainda, de uma casca de banana adiar tudo outra vez, trocando seu assento do Boeing 747 por uma cama em frente a uma TV.

Olhe para trás e perceba que você está numa viagem sem controle, que alterna bons e maus momentos. Não foi assim até hoje? Pense bem! Não é assim que funciona? Um dia você está felizão, sapateando no céu e alguns dias depois, tudo parece dar errado. Alguém tem a expectativa de que isso irá mudar? Que não será mais assim?

Continuará sendo assim, quer você tome consciência disso ou não; coisas boas e ruins vão continuar acontecendo sucessivamente e você não pode ficar à mercê de sua mente enquanto ela cria um inferno toda vez que algo ruim acontece.

Perceba a importância disso da próxima vez que for entrar numa rodada de diálogo e procure identificar o objetivo positivo escondido por traz de pessoas aprisionadas à própria mente e num processo de pêndulo acelerado.

Mantenha-se no presente, e isso lhe trará muita sagacidade e muito encantamento para enfrentar todo tipo de desafio.

Capítulo 4
Ribeirão da Ilha

A torção que recebi em meu pescoço foi tão forte que pensei que todos os ossos do meu corpo haviam sido quebrados.

Deitado na maca, eu não sabia se o que mais me amedrontava era a sequência de dores a que meu corpo estava sendo submetido, ou o som de madeira quebrando que ressoava em meus ouvidos.

Sentia em meu pescoço as mãos causadoras da torção, com pegada firme, enquanto fazia preces para que ele não girasse a minha cabeça para o outro lado.

Temeroso por qualquer movimento em falso, fui abrindo os olhos e deparei o rosto do cuidadoso e experiente fisioterapeuta Paulo Cerutti que, com bom humor, me perguntou: — E aí? Tá tudo bem?

Sensibilizado por ouvir minhas queixas constantes sobre as dores na região lombar, meu amigo Bayeux me comunicou que havia marcado uma sessão de osteopatia para logo depois de minha chegada, acrescentando que seria sensacional.

A experiência se revelou um pouco dolorosa, mas trouxe uma sensação de bem-estar revigorante e a desconfiança positiva de que alguns ossos voltaram a se estabelecer na posição original, de onde nunca deveriam ter saído.

Quando deixei a sala de fisioterapia do clube LIC, localizado no canto da lagoa, sentei em um dos bancos externos. Enquanto recebia um pouco do calor do sol, deixei o tempo passar conforme admirava a paisagem simétrica e a cor de saibro desenhada pelas quadras de tênis, e me confortava com o silêncio do jardim.

Aquelas quadras fazem parte da história, pois era ali que, durante alguns anos, o Guga se preparava para cravar seu nome entre os melhores jogadores de todos os tempos.

Adoraria conhecê-lo pessoalmente e a Mara, que cuida de meus contratos como palestrante, já havia entrado em contato com o Instituto Guga Kuerten na tentativa de marcar um encontro. Infelizmente ele estava fora do País na ocasião.

Eu tinha alugado uma *scooter* logo após chegar em Floripa, assim, saí do LIC e fui me preparar para escrever o livro. Porém, sentia que uma força estranha me puxava em direção à praia Mole, minha favorita da ilha. Acho que não seria um grande mal considerar um mergulho no mar e um passeio pela areia como parte da preparação, e foi isso o que fiz.

Totalmente agarrado ao presente, eu sentia o peso do meu corpo relaxado contra a areia fresca, após a seção de torções proporcionadas por Paulo, o osteopata.

Estiquei uma toalha e me deitei, sentindo o calor do sol e o prazer de estar na praia. Quando recém-chegados de um grande centro, sentimos o prana oriundo do oceano permear todas as células do nosso corpo.

O azul turquesa do céu e a sonoridade da conversa distante entre duas meninas com sotaque argentino me davam toda a deliciosa certeza de que eu havia chegado em Santa Catarina.

Florianópolis, em especial o Ribeirão da Ilha, local onde eu iria me instalar, me proporciona paz de espírito e alegria, uma alegria calma e contemplativa. Sinto-me feliz. O que é a felicidade se não a ideia de uma alegria que se perpetua? A alegria é a melhor coisa que existe.

O Ribeirão tem um astral bucólico; há uma combinação de paisagens que te permite assistir à passagem de golfinhos no oceano e, ao mudar de foco, dar de cara com algumas vacas pastando. Trata-se de uma mistura harmoniosa de praia e campo.

Bayeux havia me buscado no aeroporto e se mandado para compromissos de trabalho. Quando estávamos na faixa dos 18 anos, passávamos as férias nas praias de Santa Catarina, mas não em Floripa. Nosso destino favorito era a praia de São Francisco do Sul, a cidade mais antiga de Santa Catarina que fora colonizada por franceses, espanhóis e açorianos. O local tinha, um mar lindo e muita gente jovem vinda de Blumenau e de outros cantos do sul do país. Lá alugávamos uma casa de madeira, perto de uma praia conhecida como "Prainha", e passávamos as férias e a virada de ano. Nosso grupo era formado pelos dois irmãos, Fernando e Alvaro Pureza, Pedro Lemos, Edu Bayeux e eu.

Um belo dia o Bayeux marcou uma reunião na casa de meus pais (no fundo da casa havia um salão onde a música rolava solta) e, ao chegar lá, explicou o motivo do encontro:

— Pessoal, o lance é o seguinte: a gente curte viajar juntos para Santa Catarina. A melhor parte do ano é quando estamos por lá. Por que é que a gente não fica lá de vez? Pensem bem! O que nos impede? Vamos pra Floripa, alugamos uma casa no Campeche e construímos nossa vida por lá, que é aonde a gente se sente feliz. Topam?

O Pedro topou! Ele, Bayeux e Alvaro eram muito unidos e estudavam na mesma sala. Eu era mais amigo do Fernando. Então o Bayeux saiu do emprego, onde projetava interiores de lojas para um grande magazine, e o Pedro se desfez de uma sociedade familiar de produtos alimentícios, que já era um negócio próspero.

O Alvaro se mandou para estudar engenharia em Manchester, na Inglaterra. Fernando foi estudar economia na PUC, em São Paulo, e eu continuei a faculdade de Direito na USP, trabalhando na construtora do Kiko. Enquanto isso eu tocava na noite, acompanhando cantores de todos os tipos, e me apresentado em bares de Jazz. Quando era convidado, fazia alguns bicos nas gravações de trilhas sonoras de meu irmão Caco, que havia retornado de Los Angeles formado em engenharia de som.

O começo dos dois por aqui não foi tão fácil, mas uma hora ou outra as coisas iriam para frente, afinal, o Bayeux tem um modo especial para lidar com as pessoas. Ele tem um jeitão extrovertido e simpático, de origem árabe, e em pouco tempo começou a ter sucesso como arquiteto de uma grande loja de móveis. O que impulsionava seu sucesso de vendas não era só a facilidade em lidar com pessoas, mas o conhecimento, como sempre!

Um pouco mais velho que eu, ele era formado no curso de Belas Artes e já trabalhava com projeção de espaços. Era talentoso na hora de decorar ambientes. A loja era grande e tinha de tudo, então o cliente que aparecia com a intenção de comprar uma estante, acabava renovando o escritório.

Aos poucos ele foi ficando conhecido e passou a fazer alguns projetos paralelos de composição de vitrines. A experiência obtida trabalhando no grande magazine paulista e o desenvolvimento natural dessas atividades, acabaram dando origem a seu escritório de arquitetura e *design*.

Hoje ele é um reconhecido arquiteto de Florianópolis, que assina projetos entre os mais charmosos da cidade. Recentemente, ao me apresentar um de seus projetos que ficava de frente para o mar na praia do morro das pedras (uma extensão do Campeche, localizado na região sul da ilha), ele me deixou de boca aberta quanto à possibilidade de utilizar o espaço e transformar aquele projeto de *design* em uma composição musical.

Nesse momento da nossa história ele se encontra parado de pé olhando para mim na sala da pequena casa açoriana feita de madeira, e passa instruções de como eu deveria proceder para acender e apagar as luzes da casa.

Ele aperta o botão que acende a luz da sala e me diz: *Aqui acende a luz da sala*. Em seguida, troca de interruptor e acende a luz da varanda e me completa: *Aqui acende a luz da varanda*. E assim ele faz sucessivamente com todas as luzes da casa e do jardim, deixando claro qual luz eu deveria deixar acesa quando fosse dormir.

Ele já havia preparado todas as toalhas e roupas de cama e as deixado posicionadas, então me apresentou uma mala extra com ainda mais alguns jogos de todo tipo de toalhas e lençóis. Então ele disse: *Vou deixar essa mala aqui. Tem tudo que você pode precisar*.

Cuidadosamente ele abre os armários para checar a arrumação dos copos, pratos etc. Ao final, me apresenta um pano e, apontando para a linda mesa de madeira posicionada num quiosque separado da casa, ele diz: *Este pano aqui é para limpar aquela mesa, quando você for escrever lá*.

Assim como um músico, um poeta ou um pintor, Bayeux traz em sua essência a questão da arquitetura e a forma como se relaciona com o espaço que se habita.

Os cuidados com a organização, que poderiam ser interpretados como algo metódico ou desnecessário, aqui são acordes que trazem harmonia ao seu dia e fazem tudo funcionar de maneira leve e orquestrada.

Além da natureza estampada e da beleza incansável e prateada do Ribeirão, tudo funciona.

— Ok Edu, obrigado, tá tudo certo!

— Ahhh moleque!

No primeiro instante que me encontro sozinho na varanda da casa diante do computador, constato mais uma vez o poder que a natureza exerce sobre o meu estado de consciência.

Fico assistindo a moto de Bayeux se distanciar pelas ruas de paralelepípedo que pavimentam o Ribeirão da Ilha e exalam o charme de tempos passados, enquanto ouço aquele som característico de pneu em contato com as pedras.

Se você quiser ter sucesso na vida, pode encontrar dezenas de livros sobre assuntos, dicas e hábitos de pessoas bem-sucedidas. Encontrará também cursos específicos que orientam a busca pelo sucesso. Mas, se você quiser ser feliz, só há um caminho: ele se chama "amigos".

Posso deixá-lo numa mansão na cidade mais linda do mundo, com a geladeira repleta de tudo que de melhor existir para que você se delicie. Porém, depois de algum tempo sozinho sua vida será um galho seco!

Toda felicidade está nos relacionamentos e, dali da varanda, eu via um grande companheiro desde garoto, saindo em sua moto e me deixando em companhia das árvores e do meu *laptop*, numa das casas mais charmosas que conheço.

Às vezes nada pode ser mais generoso que apertar um interruptor de luz e dizer: *Aqui é a luz da varanda.*

A vista paradisíaca do mar, em contraponto com as nuvens que fazem um corta luz ao pôr do sol, o frescor do ar e o silêncio retumbante que repousa meus tímpanos, me fazem abandonar qualquer pressa e desistir de qualquer objetivo, colocando-me tão perto dele quanto eu jamais imaginaria possível.

Procuro o aparelho de som do Bayeux e coloco para rodar o CD do Johnny Griffin, com a música *All Through the Night*.

É dessa varanda que me comunico com você.

E assim eu começo a escrever as primeiras linhas, como quem escreve uma carta a um amigo muito próximo e querido.

Abro o editor de texto e escrevo: Comunicação e Persuasão – O Poder do Diálogo. Capitulo 1.

A escrita é uma forma singular de dialogar consigo mesmo e, simultaneamente, com os outros. A leitura me parece o mesmo. Assim, quando nos propomos a ler ou a escrever, nos abrimos para a experiência do diálogo. Uma conversa que pode acontecer a qualquer tempo e espaço. A palavra escrita é palavra lançada ao tempo, que aguarda e se revela quando lida por alguém.

Por este ângulo, ler ou escrever pode ser percebido como uma brincadeira. Como leitor podemos dialogar com escritores falecidos há quinhentos anos e, para reconhecer a preciosidade disso, é preciso saber brincar. De fato, isso é algo que nunca devemos perder de vista, pois saber viver é, fundamentalmente, saber brincar.

Capítulo 5

A Terceira Habilidade da Comunicação – Saber Brincar

A terceira habilidade da comunicação tem um ponto de atenção diferente das duas primeiras.

Repare que a primeira habilidade, O Universo Compartilhado, tem como ponto de atenção o outro. Perceber o nível de precisão que as palavras têm durante o diálogo requer a compreensão do universo em que o outro está inserido.

A segunda habilidade tem você como foco. Trata do seu estado de consciência enquanto dialoga.

A terceira habilidade da comunicação, o Saber Brincar, tem como enfoque algo sutil que se encontra no meio. Ou seja, não está em *você* nem no *outro*, tampouco no *conteúdo objetivo*, mas na *temperatura* em que o relacionamento acontece.

O *sabe brincar* durante um diálogo tem o poder de aproximar as pessoas. A brincadeira tem um efeito transformador na atmosfera da conversa. O bom humor é uma qualidade bem-vinda.

Como compositor de trilhas sonoras para publicidade, tive a oportunidade de participar de milhares de reuniões que envolviam os maiores anunciantes do país, todas as maiores agências brasileiras e algumas grandes agências da Europa e dos EUA.

Quando essas reuniões eram tensas, fazer qualquer tipo de brincadeira parecia fora de propósito e tornava-se perceptível que os participantes iam se fechando em seus objetivos e em suas preocupações pessoais com relação ao resultado do trabalho.

Nesse momento, cada um começa a se preocupar com os resultados imediatos que aquela campanha terá em suas carreiras individuais; em como reportar e justificar a seus chefes o que está acontecendo; os seus pontos de vista e suas opiniões durante as reuniões.

As ações começam então a ser calculistas, beirando a desonestidade. O objetivo direto é esquecido e dá lugar a posturas defensivas e de fuga em relação às responsabilidades. O espírito de equipe aos poucos se dilui, formando uma situação de foco no resultado isolado de cada um. Uma somatória de resultados individuais que, num piscar de olhos, se transforma em desentrosamento.

Como empresário que me tornei, desde que montamos a V.U. Studio, tenho plena consciência da importância do resultado positivo de um negócio ou de uma operação. Contudo, o que defendo é que foco somente no resultado não nos deixa mais perto de um resultado positivo.

O foco só no resultado deixa em segundo plano a atenção ao processo, e isso é sempre fundamental para o desempenho dos envolvidos. Uma equipe de alto impacto é aquela onde um indivíduo é sensível às dificuldades do outro.

O envolvimento profundo com a música, os estados mentais alcançados enquanto tocamos e o interesse pela filosofia, somados à minha forma natural de ser, colocam o *saber brincar* no topo da minha lista de valores humanos.

Se você tiver a oportunidade de estudar mais a fundo a obra de grandes pensadores irá perceber que, invariavelmente, em algum momento ele dirá algo como: *Por que você deveria se preocupar tanto em controlar as coisas? Olhe para si e para o mundo à sua volta e não se leve tão a sério.*

O tom de austeridade que alguns líderes impõem às suas equipes promove o medo e inibe a participação. Líderes que *sabem brincar* e promovem um relacionamento leve entre as pessoas são encorajadores e extraem aquilo que cada um tem de melhor.

É como se fôssemos, cada um, uma fruta que fará parte de uma receita e que tem o seu sabor e textura especiais. Quando você impulsiona essas frutas para uma situação de desconforto, o limão se transforma naquele limão seco e duro que, por mais que você aperte, não oferece suco. O limão continua bonito e suculento quando visto por fora, por isso você o escolheu entre os outros na prateleira do supermercado, mas, agora, apesar de espremido por todos os lados, ele não entrega o suco. Você vê o sumo brilhante se abrindo em sua mão, aperta daqui, pressiona dali, coloca mais força, utiliza as duas mãos, mas nada acontece. Ele não vai entregar o suco; está com medo.

A brincadeira e a boa atmosfera fazem com que o limão relaxe e espirre suco para todos os lados; o líquido escorre com facilidade exalando aquele aroma perfumado e refrescante.

Gosto de trabalhar com tranquilidade, em especial quando estou enfrentando grandes desafios. Não pense que é fácil compor um jingle para uma grande campanha de lançamento de um automóvel ou refrigerante; a pressão é grande.

Existe uma grande expectativa em torno da composição. Em uma equipe desentrosada, as preocupações isoladas de cada um atrapalham a todo instante. As pessoas criam exigências desnecessárias, como pedidos de inclusão de dados técnicos que estragam toda a letra. Elas fazem críticas sem objetividade alguma, ancoradas em suas próprias inseguranças e em sua inexperiência.

Pedem, na maioria dos casos, que a música termine "para cima" sem, entretanto, saber exatamente o que isso quer dizer. Tentam adivinhar o que o *chefe* vai pensar ou criticar, e procuram corrigir aquilo que imaginam estar na mente do *chefe* errando feio em quase cem por cento das vezes.

A forma de enxergar isso com humor é uma habilidade básica para quem pretende adentrar o universo criativo da obra feita sob encomenda. As pessoas encomendam por que não sabem fazer, mas se esquecem disso durante o processo. Essa necessidade de brincar sempre fez parte da minha personalidade. Não estou dizendo para você chegar em seu trabalho botando apelido nos outros, contando piadas e fazendo gracinhas. Não é por aí. Por favor, nem pense nisso.

Atente para a ideia de estabelecer uma conversa que se apoie na leveza e estará atuando no campo do *saber brincar*. O *Saber Brincar* mantém o foco no assunto que é o objeto do trabalho; no processo e no resultado.

Alguns pensam que defender a ideia da brincadeira durante o trabalho o coloca na posição de alguém que pretende transgredir a ordem e promover a bagunça. Este conceito é um grande engano!

Ao estudar as relações do diálogo encontrei um empresário e pensador búlgaro que organizou de maneira contundente essa ideia em sua palestra proferida no TED.

Se você ainda não conhece o TED, não perca tempo e digite essas três letrinhas no seu buscador de internet preferido e encontrará o maior acervo de conhecimento contemporâneo, sobre assuntos que vão desde o estudo espacial cósmico à inspiração infantil.

O Búlgaro Steve Keil organizou de uma maneira que pode ser facilmente assimilada o modo como esse comportamento mais leve potencializa a eficiência de forma imediata.

Ele apresenta as consequências nefastas que a ausência do brincar trouxe a países com governos austeros em que prevalece a seriedade como instrumento de manutenção do poder, por meio do cinismo, da burocracia e da autocracia.

Steve explica de maneira clara a importância de estar otimista em relação aos resultados dos esforços, contando um pouco sobre a história recente da Bulgária, um lugar onde, segundo ele, o ato de brincar é totalmente desvalorizado.

"Quarenta e cinco anos de comunismo, de se valorizar mais a sociedade e o estado que o indivíduo, inadvertidamente esmagaram a criatividade, a autoexpressão e a inovação." (Steve Keil - TED)

Isso aconteceu durante um processo em que as pessoas eram advertidas o tempo todo para que fossem sérias! O resultado é que a Bulgária hoje ocupa o último lugar da Europa em renda per capita e 62% das pessoas respondem *não à* pergunta: Você é otimista em relação ao futuro?

Pode parecer estranho eu estar aqui dizendo que a brincadeira é muito importante para o rendimento e o desempenho, mas a verdade é que a brincadeira é um combustível poderoso para a formação de equipes; para a valorização dos questionamentos e da inovação.

Se você se lembrar de seus primeiros passos na escola talvez consiga puxar pela memória quando foi a primeira vez que te disseram para não brincar, assim como o quanto aquela repreensão atingiu seus afetos.

Quando você chegou na escola, logo encontrou aquele grupo de crianças de sua idade. Parecia que brincar seria excelente, porém, você foi orientado a não brincar e também a não ficar conversando.

Talvez você estivesse sendo preparado para trabalhar numa linha de montagem ou em algo semelhante. Nossos padrões de ensino datam da era pós-revolução industrial, e é para este mundo que preparamos as pessoas até hoje.

Felizmente o mundo mudou em muitas partes do planeta e o que precisamos desenvolver hoje é mais do que a habilidade de memorizar e respeitar um padrão.

Tive a felicidade de fazer uma palestra no maior congresso de educação da América Latina, na cidade de São Paulo. Havia mais de mil e trezentas pessoas no auditório.

A maioria dos educadores trabalha com crianças e adolescentes, enquanto eu me dedico à andragogia (o aprendizado entre adultos). É interessante notar como é considerado pacífico, entre os educadores, o fato de as crianças e os adolescentes serem indisciplinados. Este é um grande equívoco. Os adultos são igualmente indisciplinados e os idosos ainda muito mais.

Quanto aos adultos, proponho que você entre em uma classe para dar aula sobre um assunto absolutamente desinteressante e desconectado com o mundo deles e apenas perceba o que vai acontecer. Você simplesmente não vai conseguir conter a situação e a indisciplina será geral.

Quanto aos idosos, proponho que você faça qualquer tipo de atividade num grupo formado, em sua maioria, por pessoas acima dos setenta e cinco anos, onde os membros, assim como os colegas, já tenham um certo nível de intimidade entre si. Você vai morrer de rir quando tentar impor qualquer tipo de disciplina que eles não vejam com bons olhos; eles irão simplesmente desobedecer completamente.

Isso acontece porque brincar faz parte da natureza da maioria dos animais. O urso brinca, a girafa brinca, o golfinho brinca, o gato brinca, a arara brinca e o homem é o mais brincalhão entre todos. Ninguém precisa te ensinar a brincar; você já nasce sabendo e espero que não tenha esquecido como se faz, pois isso sim é possível de acontecer. E se esse for o seu caso proponho que se lembre o mais rápido possível. Andar de bicicleta, pintar, desenhar, correr, pular, e seja lá qual for a sua preferência, eu recomendo fortemente que isso volte a fazer parte do seu dia a dia.

Steve Keil aponta que no campo social, educacional e no mundo dos negócios é preciso se divertir para alcançar grandes resultados; é preciso vibrar numa boa frequência.

O que te parece quando você vê um esquiador saltando no gelo ou um jogador de tênis batendo numa bolinha?

Os esportes são a continuação de grandes brincadeiras e, além disso, nós cantamos, dançamos, atuamos, recitamos e fazemos uma série de coisas que são a extensão das brincadeiras que fazíamos quando éramos pequeninos.

Veja um avô brincando com seu netinho ou netinha e você finalmente estará diante de algo que vale a pena ser vivido. Tente imaginar um mundo onde não haja nenhum tipo de brincadeiras; nenhum tipo de esportes; nenhuma espécie de arte, de danças ou de risadas. Imagine um mundo absolutamente sério e descubra o quão terrível isso pode te parecer.

Para Steve, os benefícios imediatos de brincar estão ligados ao fim da repressão. Brincar melhora o nosso trabalho, estimula a criatividade, aumenta a nossa abertura para mudanças, melhora nossa capacidade de aprendizado e aumenta a produtividade.

Em meu percurso, trabalhei para um grande número de empresas multinacionais e fiz parte de equipes com líderes de todos os tipos. Havia aqueles mais austeros, que produziam aquilo que chamo de *medo de criar*. Para esses indivíduos você desenvolve o trabalho mais conservador e fácil de defender. Não são os melhores trabalhos. Fica claro que os benefícios apontados por Steve refletem de modo exato a experiência profissional que tive por vinte e cinco anos.

Certa vez, eu deixei claro numa reunião com uma grande multinacional que estava começando a me sentir cerceado por muitas recomendações em relação à trilha, e que se aquilo caminhasse mais um pouco naquela direção eu iria escolher alguém de minha equipe para compor a música, pois eu mesmo já não conseguiria fazê-lo.

Se você não está habituado com o mundo da produção de comerciais para TV pode achar um tanto exagerado esse tipo de comentário, mas acredite: o som é uma das armas mais poderosas da propaganda e é levada muito a sério pelas boas agências de publicidade e por seus respectivos clientes anunciantes.

O fato é que aquele meu comentário acabou plantando na mente do anunciante uma semente de incerteza quanto à positividade de sua atitude durante a reunião. Nós estávamos vindo de uma campanha em que a trilha tinha sido um grande sucesso e agora todos esperavam que o sucesso se repetisse. Acho que ele pensou algo assim: *Não deveria ter feito tantas objeções e recomendações ao Alvaro; agora ele não vai conseguir fazer uma* música especial para nós.

Foi a única vez, em vinte e cinco anos, que recebi um telefonema do próprio anunciante, querendo me pedir desculpas por sua atitude na reunião, e para deixar claro que ele estaria preparado para ouvir e avaliar qualquer proposta.

Em outras palavras: *Foi mal! Divirta-se, crie, dê seu cem por cento, faça aquilo que acredita ser o melhor e vamos trabalhar juntos nisso!*

O mundo da propaganda também tem suas regras de etiqueta. Apesar de ser visto por todos como um espaço mais relaxado, onde as pessoas se vestem informalmente e chegam tarde para trabalhar, ele tem seus códigos e melindres. Um deles é: um fornecedor de agência não liga para o cliente da agência e um cliente da agência não liga para um fornecedor da agência. Eles se comunicam por intermédio da agência, percebeu?

No caso que acabo de contar, entretanto, essa regra não foi respeitada, e, embora não tenham ocorrido grandes mudanças no curso, o fato é que o telefonema mudou o resultado do trabalho. Ele me devolveu a vontade de brincar, a vontade de compor. O cliente acabou recebendo mais de uma opção de música, todas muito boas, e o comercial foi um sucesso.

Os líderes que trabalham numa frequência de tratar os outros de cima para baixo, usando palavras ríspidas, acabam recebendo trabalhos menos criativos. Regidos pela batuta do medo. Para conseguir algo criativo e poderoso eles precisam gastar cinco vezes mais.

Essas pessoas jamais ligariam para pedir desculpas, pois estão muita acima desse tipo de atitude. Elas geralmente não percebem se há ou não qualquer tipo de frustração por parte de seus liderados. Eles recebem o suco reduzido de um limão seco.

Os líderes que sabem brincar estimulam a nossa criatividade e aumentam a nossa vontade de agradar, de sermos reconhecidos.

Ao contrário do que pensam alguns desavisados, os líderes que sabem brincar não são desrespeitados por seus colaboradores. Eles são considerados como referência para a sua equipe, pois justificam a posição que ocupam por meio do conhecimento. Essa é a grande diferença entre autoridade e liderança.

Quanto à necessidade de "divertir-se", ela parece estar ficando cada vez mais clara no mundo dos negócios. A internet é um cenário de grandes lucros realizado por pessoas que pareciam estar apenas tentando se divertir um pouco. Isso deveria chacoalhar os conceitos rígidos dos mais duros de cintura.

Vejamos os benefícios de brincar. S*aber brincar* nos proporciona a possibilidade de nos tornarmos melhores para nós e para o meio em que estamos inseridos.

"Estimula a criatividade, aumenta nossa abertura para mudanças, melhora nossa capacidade de aprendizado, promove a transparência e encoraja a participação." (Steve Keil)

Certa vez fui surpreendido com um chamado para fazer a trilha de um comercial de TV para um shopping center. Nele um casal de namorados fazia compras e, no fim, aparecia a imagem em computação gráfica de uma caixa de presentes se fechando e sendo enfeitada por um pomposo laço de fita, enquanto surgia o logotipo do shopping.

Era um roteiro simples, com o *sound design* do ambiente do shopping. Somente no final havia a trilha sonora musical, enquanto o desenho da caixa de presente se formava. O que havia de diferente é que eu estava sendo chamado no meio do processo de produção. Anteriormente havia um estúdio de som envolvido, que fora convidado a deixar o trabalho. Eles fizeram algumas versões da trilha que foram seguidamente reprovadas pela agência. Isso gerou tamanho desgaste para ambas as partes que culminou com o encerramento da parceria na produção.

Esse é um quadro muito raro no mundo da propaganda. Passar o bastão no meio de um trabalho não é nada comum. Tem que ocorrer algo muito significante para provocar esse desfecho. Apesar disso, não era a primeira vez em que eu estava sendo procurado para enfrentar uma situação como essa.

Nesse momento, o equívoco que um produtor musical pode cometer é sentir-se lisonjeado, como se fosse um bombeiro que chegará lá para apagar um incêndio; ou, pior ainda, imaginar que o outro estúdio não foi capaz de produzir o trabalho com a criatividade e a qualidade necessárias, e que ele, o novo produtor, chegará lá para arrasar. O que geralmente você irá encontrar no cliente é uma situação de estresse e falta de prazer.

Esse caso específico foi marcante e emblemático, pois o líder criativo não foi capaz de dar um único sorriso em nossa primeira reunião. Comparado ao nível de responsabilidade e complexidade das produções com as quais eu estava envolvido naquele momento, o trabalho era demasiadamente simples. Mas na cabeça dos envolvidos aquilo era um bicho de sete cabeças (e um bicho de sete cabeças que não aturava qualquer tipo de brincadeira).

O resultado foi que, quando a primeira reunião acabou e o criativo que iria aprovar o nosso trabalho continuava firme em não demonstrar um único movimento de bochecha, também conhecido como sorriso, meu desânimo era total.

O filme tinha trinta segundos e a trilha sonora final, que gerou tanta discórdia, tinha menos de seis segundos de duração e um locutor dizendo o nome e o *slogan* do shopping por cima. Ou seja, quase não se ouvia a música por trás da voz do locutor.

Eu havia feito uma série de recortes de finais de músicas famosas para ouvir junto com o criativo e assim teria uma oportunidade de avaliar o que poderia agradá-lo. Nesses recortes havia desde James Browm até Pantera; de Shakira a João Donato; de Laurie Anderson a Sepultura; mas nada tirou um único suspiro do nosso criativo.

Ao fim de tudo que ouvimos ele declarou que tinha achado tudo aquilo OK, mas que nenhum dos exemplos serviria como início criativo para a famigerada cena do presente sendo envolto pela pomposa fita durante o surgimento do logo do shopping.

Nem como caminho criativo?, perguntei.

Sua resposta foi simples e sem graça: *Não*.

Respirei fundo, abri o sorriso mais bonito de que dispunha e, depois de sugerir tomarmos um café, posicionei-me dizendo que se nada daquilo chegava nem perto, eu simplesmente não saberia o que fazer, e que seria prudente chamar outro produtor.

O criativo não aceitou. Ele não estava lá para concordar com ninguém. Muito pelo contrário, ele queria discordar e reprovar ideias. Quando percebeu que eu abriria mão do trabalho, fez questão que eu fosse até o fim. Me pediu uma nova leva de recortes de trilhas para que ele escolhesse algo.

No dia seguinte mandei uma única sugestão de trilha já composta para o filme, uma trilha simples e sem proposta criativa nenhuma, apenas o feijão com arroz que ajudava o filme a acabar sem nada de mais nem de menos.

O atendimento da agência conseguiu fazer com que o trabalho chegasse nas mãos, nos olhos e nos ouvidos do cliente, e a trilha foi cem por cento aprovada de primeira. Na semana seguinte o criativo ainda quis fazer várias modificações, mesmo já tendo o trabalho aprovado.

As alterações do áudio não mudavam nada, até mesmo o engenheiro de som se confundia entre as versões. Abaixa um pouco ali, aumenta um pouco aqui e nada muda de verdade; aquilo que chamamos nos bastidores de "enroscar a lâmpada" ou "procurar pelo em ovo".

A experiência serviu para firmar ainda mais um conceito que já carregava comigo: o aprendizado de que, quando não há sorriso nenhum, há um problema pela frente e esse problema não se relaciona com o *objeto trabalhado* e sim com questões mais profundas e individuais dos envolvidos.

Essas questões promovem a discórdia e alimentam o bicho de sete cabeças, diminuindo drasticamente o desempenho profissional de uma organização ou equipe.

O conceito *saber brincar* é uma arma poderosa para identificar com quem você está conversando. Avaliar se seu interlocutor é um profissional preparado e está em condições de enfrentar pressão e tomar posições decisivas. Tudo isso de um jeito leve e sem desespero, ou capaz de gerar desconforto desnecessário a seus parceiros, colaboradores e fornecedores.

Capítulo 6

Nada é por Acaso

Acordo com o barulhos dos pássaros. O Ribeirão da Ilha tem uma infinidade de espécies que, pela manhã, proporcionam um despertador natural muito bonito e cheio de vida. A ideia de levantar da cama para abrir a porta e dar de cara com o azul do oceano, sentir o cheiro do mar e o calor do sol, é extremamente entusiasmante até para os mais lentos pela manhã.

Meu café era preparado em uma cafeteira estilo italiano, estrategicamente deixada pelo Bayeux em cima da pia. Na geladeira ele tinha vários tipos de pó de café, hábito de quem gosta de cozinha e dos prazeres da gastronomia.

Preparar um café nesta casa de madeira pela manhã é um ritual delicioso. A boca do fogão é um pouco maior que o fundo da cafeteira, por isso há de se ter um pouco de destreza em achar o ponto de equilíbrio para que a mesma fique no fogo, mas sem tombar para nenhum dos lados, derramando tudo.

Depois de encontrado esse equilíbrio, fico esperando a água ferver enquanto admiro o reflexo do canal que divide a ilha do continente e respiro ar fresco ouvindo um Dub Reggae de Dark Side Of The Moon.

No site do livro tem um vídeo desse momento e é bacana para você sacar o astral da casa e do processo de criação do livro.

Tomo meu café feliz da vida e me preparo para mais um dia escrevendo, quando começo a sentir um desconforto em relação à atividade de sentar-me diante do computador.

Como assim? Tudo certíssimo. Nível perfeito de temperatura e pressão, a mesa, o *laptop*, as ideias na cabeça, a vista maravilhosa e, em contrapartida, uma energia que me leva a outro estado: fazer outra coisa.

Sempre gostei de improviso e não fico totalmente confortável em uma situação em que o acaso não possa transformar o destino. Mas, por outro lado, sou apegado ao planejamento e à organização estratégica. O planejamento de ir ao Ribeirão escrever o livro não contava com uma sensação do tipo: hoje vou fazer outra coisa.

Um dos motivos que fazem as pessoas viverem na correria é postergarem aquilo que tem de ser feito. Uma vez li uma frase muito interessante: "Você pode colar no seu computador um post it escrito: o que estou inventando para fazer agora em vez daquilo que realmente devo fazer?" (Tim Ferris).

Esse hábito de o tempo todo enfiar algo na frente de sua agenda principal emperra a vida de muitas organizações. As pessoas fazem isso sem se dar conta e nunca *tiram da frente* aquilo que é de fato o mais importante.

Abrir a lista de "*a fazer*" e ver aquela tarefa ali esperando todos os dias é fonte de estresse e desmotivação. Geralmente ela é algo que exige dedicação e atenção e, por isso, é sempre deixada por último.

O cheiro aromático do café chega ao meu nariz, enquanto admiro a beleza do *flamboyant* que ocupa a parte central do lindo jardim que divide a casa da praia.

Escrever está fora de cogitação. Estratégias e planos terão de me desculpar, mas, neste momento, decido respeitar a lei da natureza, uma vez que não tenho um prazo a cumprir e posso me dar ao luxo de seguir o meu desejo: não escrever imediatamente.

Preciso de uma atividade física, penso. Parece bem óbvia a ideia de descer até a praia e dar um mergulho, algo que eu não havia feito desde a chegada.

Desço a escadaria de pedras que atravessa o jardim, os *flamboyants*, os pássaros, as flores e tudo o mais, e dá acesso à rua de paralelepípedos que divide o terreno em duas partes: casa e praia.

Para chegar na praia você deve levar uma chave e abrir um pequeno portão de madeira. Assim, a praia é uma extensão da casa, como se fosse um quintal de areia e o próprio mar. Faça mais tarde este passeio comigo pelo vídeo do site.

Como se trata de um dia de semana normal, não sendo férias nem feriado, a praia apresenta um silêncio molhado e quieto, sem o barulho das ondas.

A presença confortante de dezenas de gaivotas e de peixinhos visíveis à beira da praia por alguns segundos me fazem pensar em São Paulo, no estresse da cidade, nos motoboys, no transito e na vida enlouquecida dos grandes centros, onde tudo acontece simultaneamente.

O fato de você se transportar para outro lugar te proporciona experiências fora da rotina e o leva a uma percepção de mundo completamente diferente, mas tudo está acontecendo ao mesmo tempo.

Gosto de fazer esse exercício de me teletransportar a lugares opostos de onde estou. Me imagino em Nova York andando no meio do pessoal apressado, fico pensando que aquilo está acontecendo lá. O barulho do metrô, o andar urgente nas ruas, os prédios altos. Tudo acontecendo enquanto estou aqui olhando para aqueles peixinhos na água quase parada do Ribeirão.

Enquanto estou sentado numa pedra, deixo o corpo esquentar no sol à espera da coragem para entrar na água gelada. Assim, assisto a um belíssimo espetáculo de balé aeroaquático feito por gaivotas agitadas pela presença de um pescador que, de passagem em sua canoa, atira restos de peixe ao mar.

Depois de um refrescante mergulho, fico mais uns quarenta minutos apreciando a natureza e então retorno à casa para voltar a escrever.

Resolvo tomar um banho no chuveiro externo encravado entre as pedras, rente à casa. Estaria eu criando coisas para fazer antes de fazer o que deveria ser feito? Decido preparar mais um café. Mais uma vez criando algo a fazer?

Depois do café me rendo à ideia de que, apesar do dia lindo e tudo cem por cento favorável, não vou escrever nem agora e nem mais tarde. Planejo sair para fazer alguma *outra* coisa e, quando me dou conta já estou em cima da *scooter* que aluguei quando cheguei a Floripa, dirigindo rumo à cidade.

A casa do Bayeux fica na Rodovia Baldicero Filomeno, a maior via urbana de Florianópolis, um trajeto sem calçadas ou acostamentos, e com vistas paradisíacas.

Se você procurar algo sobre a região do Ribeirão da Ilha nos guias de Florianópolis, vai descobrir um lugar singular.

"Os hábitos e os traços da cultura, herdada dos açorianos, se mantêm vivos nos moradores mais antigos, apesar do crescimento urbano.

É por conta desta preservação que Florianópolis é considerada a décima ilha do arquipélago dos Açores e a região do Ribeirão da Ilha é um grande objeto de estudo sobre o povo que habitou as ilhas do arquipélago dos Açores.

Atualmente, por conta do cultivo de moluscos nas águas do Ribeirão da Ilha, o setor gastronômico se desenvolveu e se tornou mais um atrativo da região. Restaurantes de tradição familiar servem frutos do mar frescos e de boa qualidade. Os pratos fartos, fazem do Ribeirão uma referência nacional nesse tipo de gastronomia.

Aproveite para passear na orla, conhecer lojinhas de artesanato e de renda de bilro. Passear à noite também é encantador pela beleza, tranquilidade e simpatia das pessoas." (guiafloripa.com.br)

A distância até ao centro não é exatamente um tirinho de espingarda. São 22Km e 31 minutos de carro, sem trânsito. Com minha *scooter* alugada penso que uns 45 minutos de passeio me levarão ao centro.

Ao chegar sigo direto para o mercado municipal, um dos meus lugares preferidos da cidade quando busco um pouco de agitação. Lá você pode comprar belíssimos camarões para um jantar caprichado ou apenas passear e bater papo com o povo local.

Acontece que ao chegar lá descobri que o mercado passava por um período de reformas e estava fechado. Na área externa ainda havia algumas mesinhas na calçada, mas o programa havia ido por água abaixo.

Segui passeando de *scooter* pelo centro e acabei parando para tomar um café num lugar que julguei simpático, mas, ao estacionar e sair andando, percebi que a última coisa que eu queria era mais um café.

De repente me vi totalmente vestido num dia quentíssimo, perdido numa calçada e sem ter para onde ir. O que eu estava fazendo lá? Se pelo menos eu estivesse com a roupa apropriada para ir à praia, mas eu saí de calça e sapatos. Onde eu estava com a cabeça?

Foi então que o meu telefone tocou, algo que não acontecia há dias. Eu o deixava desligado na casa do Ribeirão para poder escrever tranquilo, reservando o fim da tarde para responder minhas chamadas e checar meus e-mails.

— Alô.

— Oi Alvaro!!! Aqui é a Mara!

— Oi Mara, tudo bem? O que houve?

— O Guga te ligou agora.

— O Guga? Mas ele não estava fora do Brasil?

— Sim, mas ele chegou e estou com a secretária dele na outra linha. Você está no Ribeirão da Ilha?

— Não... Estou no centro de Florianópolis, por quê?

— O Guga tinha uma reunião que foi desmarcada agora e se você puder ir já para lá ele pode te receber. A secretaria dele está esperando uma resposta sua na linha, como te disse, mas ela falou que se você estivesse no Ribeirão não daria tempo, pois você iria demorar muito.

— Onde fica o escritório dele? Aonde ele está?

— Fica aí no centro. Te mandei o endereço por whatsApp. É ao lado do Shopping Iguatemi.

— Estou do lado do shopping! Posso ir?

— Pode, ele está te esperando.

— Valeu Mara! Obrigado, um beijo.

— Vai lá! Tchau.

Fiquei paralisado na calçada enquanto em poucos segundos milhares de pensamentos percorriam a minha mente.

Nada é por acaso!

Enquanto me dirigia ao escritório do Guga, lembrava de minha sensação de ter que deixar a casa para ir a um lugar que nem eu sabia aonde era. Exatamente no momento que eu desci, receber o chamado da Mara e agora estar a caminho para encontrar, e finalmente conhecer, alguém por quem eu tenho profunda admiração e respeito era algo muito inspirador.

O que o Guga tem a ver com esse livro e com a questão das habilidades conversacionais ou o poder da persuasão? Tudo a ver!

Quando li o livro do Guga, que achei sensacional, fiquei interessado em um lado que as pessoas não prestam tanta atenção, naturalmente ofuscado pelo lado do esportista e número um do mundo: o lado *Guga pensador,* o lado intelectual por traz do atleta, do tenista, do campeão.

Eu tinha algumas perguntas relacionadas à minha atividade como palestrante e sabia que ele poderia me dar as respostas. Algo que ele tinha vivido intensamente desde criança, desenvolvido e aplicado com excelência.

Vou te dizer sobre o que eram as minhas perguntas e você pode ponderar se considera o Guga um craque nisso ou não: treinamento, disciplina, concentração, foco, poder mental, poder corporal, identificação de racional, identificação de emocional, precisão, noção de tempo, limites, superação, vitória e derrota, objetivos, obstáculos, perseverança e propósito de vida.

Que tal? Você acha que ele é bom nisso?

Ao chegar no prédio, que, aliás, era muito bacana, percebi que o mesmo levava o nome de seu pai, Aldo Kuerten, jogador amador de tênis e incentivador da educação pelo esporte.

Aldo era aquele pai de família dedicado, e uma referência para Guga e seus irmãos. Em 1985 teve um ataque cardíaco durante uma partida que arbitrava em torneio na cidade de Curitiba. O ataque foi fulminante, causando seu falecimento quando Guga tinha apenas 8 anos.

O impacto de ler o nome de Aldo Kuerten na fachada do prédio mexeu com o meu estado de espírito e me trouxe a atenção de que não estava indo encontrar um campeão de tênis, uma celebridade ou um ídolo, mas um ser humano real como eu e você, de quem eu conhecia toda a história, mas que não fazia ideia de quem ele estava prestes a receber e, mesmo assim, abriu um espaço na agenda.

Eu havia pedido para a Mara enviar um e-mail com um minicurrículo e contar que eu estava isolado no Ribeirão escrevendo um livro sobre comunicação entre pessoas, que gostaria muito de conhecê-lo e fazer algumas perguntas sobre desenvolvimento humano para aproveitar no livro e em minhas palestras.

Ao chegar, fui direcionado a uma espécie de antessala, onde havia a máquina de encordoar raquetes que Guga e Larri Passos carregaram pelo mundo, alguns pares de tênis e raquetes que ele usou nas finais de grandes torneios, além de uma sequência de fotos na parede e uma televisão.

Havia uma divisória de vidro, de onde eu podia ver e escutar o Guga sentado numa mesa redonda, dando uma entrevista para 3 pessoas. Percebi que nem uma foto com o Guga eu poderia registrar, pois meu celular só tinha 1% de bateria.

Nesse instante, ouço uma voz dizer em tom alegre e amigo.

— Você que é o Alvaro Fernando?

Levanto a cabeça e me deparo com o irmão de Guga, Rafael Kuerten, uma figura que eu conhecia bastante por intermédio das leituras e das transmissões dos jogos de tênis. Não há um fã do Guga que não conheça a importância do Rafael em toda a sua vida e carreira vitoriosa.

Rafael era alto, de porte atlético e trazia um largo sorriso no rosto:

— Poxa, gostaria de te conhecer e participar da conversa, mas tenho uma consulta médica agora e preciso sair correndo. Você sabe como são os médicos... eles as vezes te deixam esperando, mas se você atrasar um minuto pode ser um problema — ele me disse bem-humorado, enquanto me dava as boas vindas e me dizia para ficar à vontade, pois o Guga já estava vindo falar comigo.

De repente eu me peguei rindo sozinho sobre a ideia de ele estar indo ao médico, justamente o último lugar que ele aparentava precisar ir. O aparecimento do Rafael não podia ter sido melhor, pois me senti bem e percebi que estava sendo aguardado.

Poucos minutos se passaram para o pessoal da entrevista ir embora e o Guga vir em minha direção.

— Você é o Alvaro Fernando?

— Sou eu sim — disse eu, levantando feliz da vida por aquilo estar acontecendo e dando um aperto de mão.

— O que você quer fazer? Vai gravar?

— Não Guga, na verdade passei aqui só para bater um papo. Não vou gravar nem filmar nada.

Na minha percepção, essa resposta teve um impacto positivo que fez com que ele me olhasse com curiosidade, sentando do meu lado no sofá de maneira relaxada e puxando o assunto sobre o que eu estava fazendo em Florianópolis.

— Você está escrevendo um livro, é isso?

— Pois é, estou numa casa lá no Ribeirão da Ilha. Sou palestrante e trabalho com o desenvolvimento de pessoas. Quando li seu livro fiquei muito interessado em seus pensamentos, em suas ideias sobre treinamentos, disciplina e filosofia, e gostaria que tivesse mais sobre isso no livro.

Guga gostou do começo da conversa e me contou que também gostaria que seu livro abrangesse esses tópicos, porém, que juntamente com sua equipe ponderaram que não seria possível entrar nesses assuntos enquanto contavam toda a sua história.

Comecei a fazer as minhas perguntas, às quais ele respondia com generosidade e desenvoltura. As respostas eram longas e detalhadas, de uma preciosidade incrível. Ele falava de forma didática e tratava com atenção o meu interesse.

Foi durante uma resposta sobre a confiança no corpo e a confiança mental que ele fez um sinal a alguém, que eu imaginei ser sua secretária pessoal, e disse para ela ver se conseguia resolver um assunto com uma outra pessoa, que já estava agora sentada na mesa redonda da sala ao lado separada pelo vidro, pois ele ficaria um pouco mais ali conversando comigo.

Imediatamente eu disse, quase que já me arrependendo, que não gostaria de ser um problema ou atrapalhar a agenda dele. Por sorte ele disse que estava tudo bem e prosseguimos na conversa.

Guga me explicou que a maior parte de nossa confiança vem do corpo e não da mente. Ele tratava dos assuntos mente e corpo como se ambos "pensassem" de maneira independente um do outro. Segundo ele, o corpo é capaz de tomar decisões motoras rapidíssimas, desde que a mente não faça parte do processo.

De vez em quando ele se distraia com a TV, onde passava o jogo lendário em que venceu o Agassi em Lisboa, tornando-se o número um do mundo. O único tenista da história a vencer Sampras e Agassi na mesma competição.

Ele fazia comentários sobre as jogadas e era fantástico viver essa oportunidade, mas, ao mesmo tempo, eu não queria entrar de cabeça na questão do tênis e em nenhum momento disse para ele que era tenista desde criança, que jogava os torneios da federação e que treinava semanalmente até hoje.

Queria seguir nas questões que listei.

Guga me explicou que aquilo que chamamos de concentração não é eficaz no tênis, pois, por mais que você se empenhe neste caminho, com treinamentos e experiência de um profissional, não há como se preparar para o imponderável.

— Se tu tá sacando um ponto para terminar a partida e ao jogar a bola para cima um sujeito dá um grito da arquibancada... *Aeeee...* — ele fazia o som. — Pronto, lá se foi a concentração. Tu não tá preparado pra isso.

O corpo e a mente estão separados e juntos ao mesmo tempo, como se o corpo fosse um elemento e a mente outro, e entre esses dois existisse algo que ele chama de costura, a costura entre corpo e mente.

Acontece que esse elemento, a costura, tem a mesma proporção ou tamanho que os outros dois e é aí onde você tem que estar. Estar aí é o que ele chama de desconcentração, você simplesmente não está lá, mas está ao mesmo tempo, e neste lugar o grito que vem da arquibancada não te atinge. Estando absolutamente treinado, quando estamos na costura, o corpo joga livremente. É o estado de desconcentração. Guga olhava para mim e repetia:

— Agora... Agora... Agora.... Agora... Você deve estar totalmente no agora.

Então ele repetia — Agora... Agora... Agora... Agora... — olhando fundo nos olhos e pondo a mão no meu braço, ensinando-me algo muito importante.

Ele ressaltou a aprendizagem do acerto; a preciosidade do aprendizado quando somos vitoriosos e atingimos nossos objetivos. Existe uma cultura em que muito se fala sobre o quanto podemos aprender através dos próprios erros e do reconhecimento dos obstáculos que não conseguimos ultrapassar.

Contudo, quando escolhemos o caminho correto, nos preparamos e as coisas dão certo. Temos uma chance concreta e maravilhosa de aprendizado, que é muito mais rica e às vezes menos festejada. Trata-se do aprendizado de fazer corretamente; do conhecimento do caminho; do aprendizado com a vitória.

Realmente, em vinte e cinco anos não me lembro de entrar numa sala de reuniões e alguém dizer: *Vamos repassar tudo aquilo que fizemos corretamente, vamos hoje focar nos nossos acertos e listar tudo aquilo que aprendemos com isso.*

O contrário, sim, eu vivi muitas vezes. As queixas e as avaliações daquilo que não deu certo ou que poderíamos fazer melhor.

Falamos sobre leituras, propósito de vida e educação dos filhos. Às vezes eu perdia algo, enquanto observava o tamanho do Guga. Eu com meus um metro e setenta e cinco de altura, precisava olhar para cima para conversar com ele, mesmo estando sentados. Daí vinha o pensamento: *Agora...agora...agora...* e eu voltava a focar em suas palavras.

Num certo momento, aquela que eu julgava ser a secretária pessoal do Guga veio buscá-lo.

— Você precisa vir, Guga, nós estamos te esperando.

Tirei o celular do bolso, que pensei estar apagado, mas o mostrador ainda apontava 1% de bateria.

— Podemos tirar uma foto? — Perguntei.

— Claro, pode tirar.

Dei meu celular para ela e continuei puxando assunto. Ouvi um barulho de Click e ela disse:

— Seu celular apagou! Acabou a bateria...

Quando cheguei em casa mais tarde, carreguei o celular e a foto estava lá!

Voltei por todo caminho revendo tudo que tinha acontecido e muito feliz pela oportunidade. Ao chegar na estrada da Tapera, montado na *scooter*, sentia o vento gelado do sul bater no meu rosto, assim como o cheiro do mato que divide o Ribeirão do resto da ilha. Dai comecei a desconcentrar... *agora...agora...agora...*

Chegando em casa, em vez de subir resolvi me dirigir até a praia. O sol se punha no horizonte, as gaivotas haviam desaparecido, assim como os peixes à beira da praia. Fiquei fazendo algumas anotações para relembrar o que havíamos conversado e percebi que minhas anotações eram muito semelhantes às anotações das aulas sobre os Yogas Sutras de Patanjali que aprendera nos cursos de Sri Sri Ravi Shankar, o líder humanitário que citei no capítulo que trata sobre a habilidade de *Estar Presente.*

No lugar das gaivotas agora havia um balé frenético de mosquitos e borrachudos, que me mandaram embora da praia. Então, resolvi ir até o Hotel Pousada do Museu, onde eu usava a internet para baixar e responder meus e-mails. A Pousada do Museu, que fica a pouco mais de 1 Km da casa, é um lugar muito especial, pois foi lá que passei muitas de minhas férias na companhia de Marcos e Ana, os donos da pousada. No site há um vídeo do Marco ponderando sobre morar nos grandes centros urbanos, enquanto apresenta o quintal de areia e o mar que ladeia a casa deles.

Havia um e-mail da Futuro Eventos me convidando para fazer palestras sobre persuasão nos maiores congressos de educação do país.

Eu já havia feito em São Paulo e agora iria para Gramado, no Rio Grande do Sul. Depois seguiria para Rio de Janeiro, Salvador e Brasília. Na sequência iria para Recife, para o congresso CRIARH, onde faria uma palestra sobre inovação e o processo criativo.

A minha estada no Ribeirão havia acabado. Subi na *scooter* e fui para a casa arrumar minhas coisas e dar uma geral na casa tão querida.

A noite silenciosa foi a companheira para me despedir daquele lugar mágico. Quando tudo ficava escuro, o azul do mar desaparecia, transformando-se num vulto oceânico, um espaço negro vazio e misterioso.

Naquela noite o mar estava lá. A água iluminada pela lua era como um espelho prateado que mirava as estrelas. A vontade de escrever era grande para aproveitar a última noite daquele refúgio inspirador.

Capítulo 7

A Quarta Habilidade da Comunicação – Mochila de Opiniões

C hegamos à quarta habilidade da comunicação, que possui uma característica especial: ela é fundamentada no que aprendi fazendo uma bateria de mais de seis mil reuniões com grandes organizações.

Quando tratamos sobre o Universo Compartilhado ou o Significado Compartilhado das palavras, utilizamos os conceitos de David Bohm como nosso Guru para o assunto. Quanto à habilidade de Estar Presente, utilizamos os conceitos de Sri Sri Ravi Shankar; na habilidade de Saber Brincar, apoiamo-nos em algumas ideias da palestra de Steve Keil.

Agora, no que diz respeito à Mochila de Opiniões, seguiremos em carreira solo.

Você gostaria de ir numa reunião dessas que decide os detalhes de como será a produção, filmagem e finalização de um comercial de TV? Conheci muitas pessoas que tinham curiosidade e interesse em participar de uma delas, que, de fato, podem às vezes ser bem divertidas e interessantes.

Como comentei anteriormente, as reuniões de produção são longas, chegando regularmente a seis ou até oito horas de duração. Nessas reuniões estariam presentes: o anunciante, a agência de propaganda, a produtora de imagem e a produtora de som. Essa é a formação clássica de uma reunião de produção para fazer aquele filme que passa na sua TV no intervalo do seu programa favorito. Todos os elementos que compõem um filme serão repassados e apresentados um a um. Na maioria das vezes seguem esta sequência: roteiro, textos, *storyboard*, *casting*, locação, cenário, figurino, direção de arte, fotografia, trilha sonora e locução.

A grande maioria dos filmes tem a duração de 30" e o segredo está em como compor todos os elementos, oferecer uma peça interessante ao telespectador e, ao mesmo tempo, preservar o espaço para o produto e as informações referentes a ele, sem transformar aqueles 30 segundos em algo sem graça.

Você se lembra de algum comercial insuportável que tenha assistido recentemente? Às vezes uma, duas, três vezes e você é obrigado a assistir aquilo de novo... é chato não é?

Existe uma linha de pensamento dentro da publicidade que não se preocupa com esse seu sentimento. Independentemente de você achar chato ou não, eles acreditam que na hora de comprar você vai se lembrar deles e ponto final.

Em contrapartida, há uma outra linha de pensamento que acredita no desempenho daquele comercial que você fica torcendo para passar novamente; aquele que as pessoas comentam e compartilham nas redes sociais. Elas gostam de assisti-los.

A grosso modo, podemos dizer que quanto mais a equipe se preocupa com a história, apresentando algo esteticamente bonito e equilibrado (seja usando humor ou romance), maior a chance de ela produzir um filme que irá pertencer a este segundo grupo, dos comerciais que gostamos de assistir.

Por outro lado, se a equipe não está nem aí com as sensações que o filme irá causar e está mesmo preocupado somente em mostrar os produtos, preços e benefícios ao telespectador (quer ele goste ou não), então o comercial estará mais para o primeiro grupo.

Acontece que, quando você vai a uma reunião de produção, existem pessoas dos dois grupos que irão trabalhar conjuntamente. Sabe aquela frase: *"Tamo junto"*, pois é... é isso aí. Existem pessoas que trabalharam em milhares de filmes, como é o meu caso, e existem aqueles que participaram da produção de 2, 3 ou que sequer fizeram parte de algum filme. Existem aqueles que nunca pensaram em nada disso que estamos conversando e outras que são mestres nesse assunto.

Não sei se você está percebendo, mas existe aqui um conflito cultural.

Temos na mesa a maneira de agir e pensar de cada empresa envolvida, agência, produtora de imagem, produtora de som e, às vezes, a falta de percepção quanto à cultura da companhia anunciante do produto que estamos trabalhando naquele filme.

O fato é que, quando temos essa diferença e ela está oculta, acaba se criando uma série de miniconflitos que têm sua origem num embate muito maior e que está por trás de tudo isso. Ele se chama "diferença cultural".

Uma das coisas curiosas em ser um produtor de trilhas sonoras, é o fato de você estar cada dia em um lugar e com pessoas totalmente diferentes, de culturas totalmente distintas. Ou seja, imagine que eu vivenciei seis mil vezes reuniões bem semelhantes, mas com equipes completamente diferentes e, é óbvio, com resultados bastante diferentes também.

Todas essas experiências me fazem concluir que alguns tipos de comportamento são mais positivos que outros. Vamos supor que você conheça uma pessoa que sempre consegue dar um jeito em tudo. Que o seu jeito de fazer as coisas é sempre bom para si mesma e para os outros com quem ela se relaciona.

Que tal? Parece ótimo, né?

Você acredita que essa habilidade esteja ligada à percepção de mundo que esta pessoa tem? Como ela faz para que tudo dê certo?

A quarta habilidade da comunicação diz respeito à capacidade que uma pessoa tem de lidar com suas próprias opiniões.

Opinião é um substantivo feminino que significa a manifestação de um uma forma de ver, representando o estado de espírito e a atitude de um indivíduo, ou de um grupo, em relação a um determinado parâmetro ou realidade. (significados.com.br)

Acompanhe-me num movimento leve de entender esse conceito e imagine que você tem uma mochila nas costas, uma mochila imaginária.

Essa mochila você carrega para todos os lugares por onde passa, mas ela ainda é apenas uma mochila e não faz parte de você.

Ao longo de sua vida você vai percorrendo milhares de lugares, conhecendo milhares de pessoas, assistindo filmes e shows, lendo livros, experimentando o contato com toda espécie de comidas e bebidas, vivenciando relacionamentos, ouvindo músicas e passando por experiências nos campos espiritual, intelectual e de aprendizado.

Gosto do nome "mochila" porque quando viajamos nós nos dispomos a conhecer coisas novas e lugares surpreendentes. Nós nos abrimos ao acaso e às novidades. Durante todo esse processo de vivências e experiências vamos criando a nossa própria percepção de mundo, uma percepção particular que nos diferencia como indivíduos.

A sua percepção de mundo é construída a partir daquilo que você viveu, das pessoas que conheceu e de como tudo isso foi recebido e acolhido por você. Imagine que durante esse processo você identifica algumas coisas que deseja guardar nessa mochila imaginária. À medida que o tempo passa, a sua mochila vai ficando cheia de coisas: são suas opiniões.

De repente, você tem opinião sobre as coisas: comida mexicana, cinema, passeio de barco, aeroportos, aplicação financeira, música indiana, palestra motivacional, política, caminhos de automóvel, academia de ginástica, sistemas de ensino, religião, receita de mousse de chocolate, e por aí vai.

A sua capacidade de se relacionar e tornar-se uma pessoa persuasiva tem a ver com a forma como você utiliza sua mochila.

Vejamos um exemplo. Você viajou para a Disney e achou chatíssimo. Tinham muitas filas, as atrações não eram como você imaginava, os dias estavam feios e você não conseguiu comer bem nem se divertir.

Você volta para casa pensando: *Disney nunca mais!* Na sua opinião a Disney é um fiasco.

Eis que então você encontra um amigo que está saindo de férias e está muito feliz. Ele comenta que está indo para a Disney. O que você faz?

Algumas pessoas talvez tenham um impulso inicial de dizer algo como: *Meus pêsames, achei a Disney um lixo!* E, dentre elas, algumas farão exatamente isso.

Outras talvez tenham um impulso do tipo: *Ummm, melhor eu não falar nada, isso pode desanimá-lo.* Um terceiro grupo pode ainda contar parcialmente um pouco de sua experiência, minimizando, entretanto, os efeitos negativos que isso possa trazer. Uma quarta hipótese poderia ser: *Poxa, divirta-se! Espero que você aproveite; as pessoas costumam gostar muito de lá.* Podemos criar inúmeras outras respostas aqui. Uma lista delas.

Todas poderão ser aceitas, desde que sejam sinceras. Não vamos levar em consideração nenhuma opção onde mentir seja uma hipótese. Isso por que a mentira é um veneno para todo processo de comunicação e persuasão. Se você considera a hipótese de mentir, este livro não lhe servirá para nada.

O fato é que existem respostas em que você está sendo mais ou menos transparente em relação ao que sente em relação ao destino escolhido por seu amigo.

A resposta que emite uma opinião dura e destrutiva sobre os planos de seu interlocutor tende a ser pouco bem-vinda, pois ela provoca desânimo e, na maioria das vezes, uma situação de oposição e desavença.

Repare que o assunto viagem a Disney pode parecer bastante inofensivo, então fica a pergunta: Será que alguém iria levar isso tão a sério? Creio que sim!

E no seu dia a dia assuntos sérios que esbarram em dezenas de interesses ocultos de seus interlocutores estarão na mesma perspectiva. A pergunta neste caso é: Você consegue tirar a sua mochila de opiniões dos ombros por um instante?

Não estou dizendo para você não ter opinião! Pessoas com opiniões maduras, isso é do que mais precisamos, e espero sinceramente que você seja uma delas.

Perceba que sou um grande incentivador de que as pessoas tenham suas próprias opiniões e façam suas escolhas.

O que é fundamental é que você saiba diferenciar as suas opiniões de você mesmo. A habilidade, Mochila de Opiniões, trata da capacidade de se despir de seus pontos de vista enquanto participa de um diálogo. Quando colocamos as nossas opiniões à frente de tudo, elas são como muros que construímos entre nós e as pessoas à nossa volta.

Conheço pessoas que ficam furiosas se percebem que suas opiniões estão sendo questionadas ou desprezadas pelos outros. Elas se transformam nas próprias opiniões. Levantar dúvidas ou contrariá-las é como tomar uma posição contra o indivíduo, não contra aquilo que é a manifestação de como essa pessoa enxerga determinado tema num dado momento.

Essa confusão entre você e suas opiniões promove uma grande perda de desenvoltura na habilidade conversacional e, portanto, o torna bem pouco persuasivo.

Você está fazendo uma apresentação quando alguém se diz contrário à sua opinião X ou Y, e você perde o equilíbrio, imaginando que aquela pessoa está na verdade contra você.

Alguns profissionais com quem tive o prazer de trabalhar, tinham grande formação e bastante conhecimento. Eles viajaram o mundo inteiro, aprenderam diversas línguas, estudaram em faculdades reconhecidas internacionalmente e fizeram parte de equipes de alta performance, porém, tropeçavam em suas opiniões. Enquanto isso, outros são inteligentemente capazes de desapegar-se das opiniões para ouvir o que está sendo dito, às vezes em sentido oposto.

Experimente o conforto de tirar a mochila dos ombros e sentir-se aberto para uma conversa arejada e sem fronteiras cujas ideias não serão defendidas a todo instante, como quem está numa guerra de opiniões.

Muitas vezes você ouvirá coisas do tipo: *discordo totalmente*; *penso de outra maneira,* ou ainda, *isso não funciona.* Procure acolher esse tipo de comentário antes de opor-se firmemente e colocar a sua opinião, que tem origem em tudo que você já viveu. Procure perguntar às pessoas que possuem opiniões contrárias às suas algo a respeito das origens das posições delas.

Em vez de opor-se com firmeza, relatando o quanto você conhece o assunto, experimente perguntar: *Como você chegou a essa conclusão?*

Ser capaz de deixar de lado a sua mochila por alguns instantes não quer dizer que você esteja abandonando seu ponto de vista. Chegará o momento em que suas opiniões serão ouvidas e se farão persuasivas, caso você tenha recebido a opinião dos outros com abertura. Você pode estar preparado para aprender algo novo a todo instante e até mesmo questionar aquilo que você guarda em sua mochila.

Veja que o segredo não está em ser dissimulado, em evitar o debate a todo custo, tampouco em acompanhar a opinião dos outros, mesmo quando não concorda. Ele está numa consciência individual profunda de que você não sabe tudo e que suas opiniões podem e devem ser alteradas. Não há demérito nisso.

Utilizar-se dessa possibilidade é hábito de pessoas muito inteligentes e que aprendem e se desenvolvem a todo instante. São aquelas pessoas que trabalham para que tudo dê certo para si e para o meio em que estão inseridas.

Existe uma frase emblemática de Sócrates que diz: Eu tenho a minha opinião até eu mudar de ideia.

Quando estudamos um pouco de história percebemos que um ponto que era dado como óbvio e cristalino, mais tarde se revela a representação da estupidez e da falta de conhecimento. O entendimento de que a terra era quadrada é um exemplo típico de verdades estupidas que foram defendidas por muitos.

A utilização da mão de obra escrava era defendida por muitos europeus até relativamente há pouco tempo, e não pode existir alguma ideia pior do que essa. De fato é a pior, além de inconcebível e inacreditável.

Nos dias de hoje é claro que o inconcebível está presente e o futuro contará a história do tempo contemporâneo, ressaltando seus equívocos.

Um exemplo bobo é a utilização de automóveis para transporte individual, que é um motivo de estresse, perda de tempo e poluição. Se você tem um compromisso às oito horas da manhã, deve chegar lá as oito. Vire-se! Nossa sociedade tapa o sol com a peneira.

Se você mora num grande centro, onde todos ficam duas horas em média dentro de seus veículos, e dizer numa roda de amigos que você é a favor da proibição do uso de automóveis particulares em sua cidade. Provavelmente sua opinião será veementemente combatida e considerada fora de cogitação.

"O Governo da capital Norueguesa anunciou, em outubro de 2015, que deseja retirar os carros particulares de 100% do centro da cidade até 2019. Será a primeira restrição completa desse tipo numa capital europeia. O banimento dos carros é parte de um plano para cortar 50% das emissões de gases de efeito estufa no período entre 1990 e 2020. Além disso, espera-se criar um ambiente melhor para pedestres, ciclistas e o comércio. A proibição permanente deve atingir em torno de 350 mil proprietários de automóveis.
Cidades grandes, como Madri (com 3,2 milhões de habitantes e 1,7 milhão de veículos), também tentam eliminar o automóvel. Desde primeiro de janeiro de 2013, quatro bairros do coração da capital da Espanha foram praticamente fechados ao tráfego de carros particulares. A ideia para os próximos anos é aumentar em 25% as zonas para pedestres e multiplicar os corredores para transporte público." (Jornal O Globo)

Hamburgo, segunda maior cidade da Alemanha, deu início a um projeto para banir o tráfego de veículos motorizados por meio da construção de corredores verdes que conectarão a região metropolitana e a periferia ao centro. A finalização do projeto deve acontecer em até 20 anos. Essas medidas não são apenas geradoras de novos negócios e do aumento de produtividade, elas levam em conta o que há de mais importante: a qualidade de vida.

Nos grandes centros é comum passar duas horas por dia entre o percurso de casa para o trabalho. Isso representa, em média, um mês por ano dentro do automóvel e, na maior parte do tempo, parado.

A habilidade da Mochila de Opiniões é um processo entre você e seu modo de ver, de pensar e de deliberar. Ele não está relacionado com o que as pessoas irão pensar a seu respeito nem de que modo se poderia agir para mostrar-se agradável, tampouco a como não criar arestas.

De fato você irá alcançar seus objetivos buscando uma meta muito mais preciosa, que é desenvolver-se enquanto se comunica com os outros, tornando-se uma pessoa atraente e orientada para o entendimento entre você mesmo e o meio em que está inserido.

Se algo que faz parte da rotina de milhões de motoristas precisa ser revisto, pense nisso antes de defender duramente suas opiniões sobre rotinas internas de sua equipe ou de sua organização.

Deixe a mochila de lado sempre que possível na hora de conversar. Foque na sinceridade e na transparência, esteja aberto à opinião dos outros e todos gostarão de ter você por perto para avaliar conceitos e tomar decisões.

SEGUNDA PARTE

Capítulo 8

Alguns Meses Depois

Acabo de chegar de Denver, capital do Estado de Colorado, nos Estados Unidos, onde fui participar da ATD, *Association for Talent Development* .

A ATD promove um congresso anual que reúne profissionais de todo o mundo interessados em debater o preparo de profissionais para enfrentar as exigências do ambiente de negócios, que se encontra em mudança constante.

O congresso traz conhecimentos, estratégias e soluções para efetivamente atrair, desenvolver e reter os melhores talentos. Um encontro para quem deseja ter *insights* sobre as últimas tendências, melhores práticas e novas soluções para a concepção, o fornecimento, a implementação e a mediação de programas de aprendizagem.

O Congresso visa abranger todos os assuntos desta indústria, e fornecer orientação detalhada e atualizada para o que quer que você precisa para ser bem-sucedido. A proposta é que você saia de lá com uma visão do que o futuro lhe reserva e preparado para enfrentar novos desafios. (atdconference.org).

Ao chegar ao imenso *Colorado Convention Center* você logo tem a dimensão do tamanho do encontro. São 300 palestras para um público de dez mil participantes, centenas de estandes oferecendo ferramentas de toda espécie na área de desenvolvimento de adultos e ideias para o mundo corporativo. Há também uma linda livraria com os mais variados títulos sobre ferramentas de treinamento e liderança corporativa.

É fundamental que você faça uma preparação anterior à sua chegada e já tenha escolhido as palestras e dinâmicas das quais pretende participar, assim como os estandes de seu interesse que planeja visitar. Do contrário ficará perdido, sem saber para aonde ir. Tudo é milimetricamente cronometrado, sem atrasos.

O intervalo entre uma palestra e outra é de trinta minutos, porém se você resolver dar uma parada para tomar um café ou bater papo com alguém pode perder a próxima palestra, pois a salas são distantes e, às vezes, encontrá-las pode não ser tão simples. O Centro de Convenções é realmente grande!

Se você gosta de assistir palestras, pode ter certeza de que vai sair de lá muito feliz, o que foi o meu caso. Um de meus principais interesses era avaliar o quanto o trabalho que venho oferecendo às empresas está consoante, harmonioso e afinado com aquilo que eu encontraria na ATD.

O que vou relatar a seguir é interessante para que você perceba que as quatro habilidades da comunicação estão alinhadas com uma corrente de pensamento sobre o desenvolvimento humano.

Participei de encontros que dividi em três grupos: o primeiro é formado por palestras que seguem a tendência de orientar-se por publicações de estudos da neurociência e que propõem reflexões a partir do funcionamento do cérebro, da medula espinhal e dos nervos periféricos.

De uma forma pragmática, são apresentados dados sobre o funcionamento cerebral e como reagimos ao mundo de uma forma genérica ou análoga a determinadas situações rotineiras no âmbito das organizações e dos negócios.

A maneira de abordar o assunto ultrapassa o campo da biologia e se transforma numa ciência interdisciplinar, que adentra os campos da educação, química, computação, antropologia, linguística, matemática, filosofia e psicologia.

Na primeira *General Session*, no Bellco Theater com capacidade para cinco mil pessoas, completamente lotado, o britânico Simon Sinek (apresentado como autor de *best sellers* e pensador visionário) foi muito aplaudido.

Simon é um palestrante motivacional envolvente, que se notabilizou com o conceito do círculo dourado. Nele o autor propõe que toda organização ou pessoa sabe O QUÊ faz; algumas empresas ou pessoas sabem COMO fazem e apenas uma pequena porção sabe POR QUÊ elas fazem o que fazem.

Destaquei um trecho da palestra, "Como grandes líderes inspiram a ação", que transcrevo a seguir para que você tenha uma pequena mostra daquilo que considero em relação a esse primeiro grupo de palestras.

Não se preocupe em entender o que ele diz, será impossível. Atente-se para o tipo de discurso, pois é isso que nos importa neste momento.

"Nada do que estou dizendo é minha opinião. Tudo está fundamentado nos princípios da biologia. Não da psicologia, da biologia.

Ao olhar uma seção transversal do cérebro humano, observando-a de cima para baixo, o que você vê é que o cérebro humano é, na verdade, dividido em três componentes principais, que se correlacionam perfeitamente com o círculo dourado.

Nosso cérebro mais novo, ou seja, o neocórtex do cérebro Homo sapiens, corresponde ao nível "o quê". O neocórtex é responsável por todo nosso pensamento analítico, racional e pela linguagem. As duas seções do meio formam nosso cérebro límbico, que é responsável por todos os nossos sentimentos, como a confiança e a lealdade. Também é responsável por todo comportamento humano, pela tomada de decisão e não tem a capacidade de linguagem." (Simon Sinek - TED)

Para Simon, a representação do funcionamento do cérebro humano explica como agimos e o que sentimos quando agimos desta ou daquela maneira.

Na palestra que assisti, ele nos conduzia a perceber que até hoje agimos de maneira semelhante ao tempo das cavernas, sendo que a nossa preocupação primária é estar a salvo.

Ele utilizou um *flip-chart* para fazer um desenho representando o homem e os perigos ao seu redor, como animais selvagens e outros possíveis inimigos.

O segundo ponto é que sempre estamos em busca de uma nova vitória, ao que ele chamou de um *next goal,* precisamos nos sentir em desenvolvimento.

O terceiro ponto é a ideia de que precisamos estar em grupo e sermos admirados. Em busca dessa meta muitas vezes agimos com desconsideração pelos outros. E, por fim, que temos a necessidade de *"touch"*, de tato, de contato físico.

Ele fez um quadro muito bem-humorado, descrevendo nosso comportamento ao chegar em um lugar público com diversas cadeiras, como, por exemplo, o portão de embarque de um aeroporto, onde naturalmente procuramos nos sentar o mais distante possível uns dos outros.

Se houver uma cadeira sem "vizinhos" é lá que você escolhe se sentar, por que, afinal, as pessoas estranhas nos apavoram, apesar de serem delas que realmente precisamos.

Com uma relação empática com o público, que demonstra interesse e admiração pelo palestrante, em determinado momento Simon aponta como líder aquele indivíduo que não deixa o bule de café vazio para o próximo colaborador. Ele prepara o café.

Segundo ele, o verdadeiro líder segura a porta do elevador para aqueles que chegam atrasados e não age dissimuladamente. Foi aí que comecei a me questionar sobre o nível de profundidade das transformações que aquela palestra poderia me causar. O que de fato estou aprendendo? O que vou levar para casa?

Percebo a mensagem de que liderar é servir. Curiosamente, Simon, ao concluir, remonta o pilar principal dos grandes líderes e, em especial, as palavras de Jesus Cristo: Servir.

Ele terminou sua fala, que tinha como ponto de origem o funcionamento cerebral, propondo a todos que não checassem seus celulares ou e-mails após a palestra, mas que aproveitássemos aquele momento para confraternizar e trocar ideias. Como brasileiro cheguei a me empolgar com isso, mas o conselho infelizmente não foi seguido. Ao sair do teatro, havia uma imensa fila de pessoas checando seus celulares.

O segundo grupo de palestras que me chamou a atenção tratava do tema *mindfulness,* cuja tradução literal é "atenção plena" ou, simplesmente, "atenção". O conceito de *mindfulness* busca incluir exercícios de meditação na rotina dos colaboradores, uma corrente que vem crescendo dada a necessidade clara de amenizarmos os efeitos de uma mente que não para de trabalhar e nos leva à sensação de estresse e mal-estar.

A equação cérebro-habilidades-resultados começa a mostrar fortes sinais de cansaço, indicando um modelo que precisa de *upgrade* ou, ao menos, de manutenção.

Estamos hoje expostos a uma quantidade insuportável de impulsos, sobre o qual tratamos no capítulo "Estar Presente", e as organizações começam a sentir este efeito no desempenho de seus colaboradores, afogados em uma quantidade devastadora de e-mails e atividades acumuladas.

Uma das palestras apresentava a figura de um profissional na frente de seu *laptop*, enquanto se imaginava jogando golfe. Nesse instante era tratada justamente a questão da falta de atenção; de não estar presente e não conseguir se concentrar. Em vez de trabalhar - jogar golfe.

A figura seguinte apresentava esse mesmo profissional jogando golfe, mas, dessa vez, imaginando-se num jantar romântico com sua namorada. Seu desejo escapava novamente para o futuro, ou seja, jantar com a namorada.

Outra vez vemos o mesmo personagem. Ele agora finalmente está num jantar romântico em um lugar aconchegante, mas, nesse instante, em vez de aproveitar o momento, ele estava preocupado com suas atividades no trabalho. Ele vive em um futuro que nunca chega.

Esse grupo de palestras (que se parece com um movimento) é muito interessante, pois traz ao centro das atenções os malefícios que o excesso do *pensar* nos traz: o estresse. Se há algo onipresente nos dias de hoje é o estresse, onde quer que você vá, o encontrará.

Em minhas palestras em cidades muito pacatas pergunto a meus contratantes se as pessoas estão estressadas por lá e recebo sempre como resposta um retumbante sim!

Geralmente as palestras sobre *mindfulness* terminavam com uma seção de meditação, como exercício para acalmar a mente. Isso era experimentado por todo o público, seguido de um espaço para depoimentos de como eles se sentiram durante e depois da prática.

Como voluntário da fundação internacional The Art of Living, pratico diariamente exercícios para acalmar a mente e esse, como já disse, é um hábito que se torna indispensável depois de conhecido. Sugiro fortemente que você experimente.

Participando de um grupo de debates que propunha que considerássemos conversar sobre o *mindfulness* e as diferenças culturais, perguntei a uma participante japonesa qual era sua percepção sobre as práticas de *mindfulness* e ela respondeu ao nosso grupo de oito pessoas que aquilo simplesmente não funcionava; não potencializava o desempenho das equipes. Ela não estava preocupada com as pessoas e sim com os resultados que as pessoas poderiam gerar.

Nas palestras que assisti, a técnica era apresentada como potencializadora de resultados e desempenho de colaboradores. Em uma delas, o palestrante sugeria pequenos intervalos de cinco minutos para que os participantes fechassem os olhos e não pensassem em nada durante o trabalho no escritório. Será tão simples assim relaxar e deixar os problemas do lado de fora?

Outro palestrante deu a ideia de que enquanto você espera seu computador fazer um *download* de arquivo, a prática de uma rápida meditação traz efeitos positivos e você se sente mais focado.

Veja que esse conselho simbólico sugere a justa ideia de dar um *restart* na máquina. *Sua cabeça não está legal? Desligue e ligue para ver se funciona.* (rs)

Porém, todos os palestrantes aos quais assisti foram uníssonos em dizer que acalmar a mente por meio de *Mindfulness* tinha como objetivo final proporcionar melhores resultados e desempenhos.

Isso remontava à proposta do primeiro grupo de palestras, apoiado na *neurociência*, uma ferramenta que visa o sucesso e engajamento de colaboradores no objetivo de potencializar a atuação.

Essa proposição me parece construir um paradoxo insustentável no que diz respeito à filosofia oriental, e, em especial, à yoga que estuda este assunto a milhares de anos. O aprendizado de acalmar a mente é algo que fazemos para nos sentir melhor, mais calmos. Trata-se de uma prática de autoconhecimento, cujo objetivo é valorizar o momento presente, o tesouro que a vida nos oferece. Mas subverter essa ideia ao campo de que isso nos dará a capacidade de preencher um Excel mais rápido, certamente é algo que precisa ser investigado.

Em certa apresentação, uma palestrante usou a palavra coração! Era a primeira vez que eu ouvia essa palavra no congresso, mas por sorte não seria a última. Ela não chegou a falar sobre amor, mas sugeriu algo que dizia respeito à paz no coração. Qual foi a minha surpresa quando ela mostrou a projeção que ilustrava o seu raciocínio. Era a figura de um cérebro com um coração dentro.

Perguntei para uma colega da Croácia, que eu havia conhecido durante o encontro, se era ali que ficava o coração dela e ela, bem-humorada, me disse que o dela ficava em outro lugar. Aquela projeção foi bastante emblemática, por isso tirei uma foto para guardá-la.

Aquele coração dentro do cérebro nos levava de volta à equação *Brain-Skills-Results*, cérebro-habilidades-resultados.

Penso ser muito produtiva e benéfica a implementação de programas como o *mindfulness*. Essa proposta dentro de algumas organizações pode parecer urgente. Acredito, porém, que o preponderante é que a intenção do implemento seja o benefício dos colaboradores e de sua saúde. Se o objetivo, entretanto, for proporcionar algo visando apenas aos resultados de desempenho, solidarizo-me com a colega japonesa.

Quando focamos só no resultado, esquecemos do processo e de nossos objetivos mais elevados; nada funciona.

O terceiro grupo de palestras está alinhado com David Bohm, Sri Sri Ravi Shankar, Steve Keil e Guga.

Eu andava pelo centro de convenções como quem procurava a sua turma. Assim assisti a palestras fantásticas, como a de Rick Lozano, que fez toda a sua apresentação tocando violão e, de um jeito leve, entrou em assuntos profundos cujo conteúdo consistente envolvia propósito de vida, liderança e gestão de carreira.

Tive a felicidade e o orgulho de ver os brasileiros Flora Alves e Alfredo Castro darem um show de simpatia e brasilidade, e conquistarem o público por meio do conhecimento. Trataram de assuntos que abrangeram desenvolvimento do aprendizado e *Storytelling*, respectivamente.

Quando entrei na palestra de Jeremy Stover, chefe de liderança e desenvolvimento de gestão no LinkedIn, senti que estava no lugar certo. Jeremy apresentava-se com um parceiro, Jayson Krause, palestrante radicado no Canadá, que tem como foco o estudo de Conexões Significativas, a ideia de que todas as pessoas podem se conectar de uma forma otimista e produtiva.

Eles falavam sobre a liderança apaixonada e a importância de amarmos a ideia de inspirar os outros. Havia ali um dom de contar histórias e se conectar com o público, incentivando-o a agir. Todas as dinâmicas propostas pelos palestrantes eram feitas de maneira que o público desse cem por cento.

Eles entregaram um conteúdo consistente de experiências positivas durante dez anos, como consultores de líderes de empresas listadas entre as cem maiores pela revista *Fortune*. Quando a palavra paixão vem à frente dos argumentos, identificamos com clareza o lugar do coração: ele está no peito, não na cabeça.

Fomos convidados a fazer um exercício para compartilhar com alguém um momento marcante em nossas vidas. Formei dupla com Han-Yu Chan, de Taiwan, uma garota que aparentava trinta anos, no máximo, e trabalhava no Tze-Chiang Foundation of Science and Technology. Ela me contou sobre o sucesso de seu trabalho, enfatizando a valorização do ser humano, dos relacionamentos e do ambiente colaborativo.

Contou-me uma história emocionada de como tudo aquilo que estávamos ouvindo tinha a ver com o que ela defendia, e relatou a felicidade que sentiu quando um de seus principais projetos fora aprovado pelo governo de Taiwan.

Na minha vez, manifestei-me dizendo que aquele momento era muito importante para mim, o momento de perceber que existe um grupo de pessoas falando a mesma língua e aplicando alternativas transformacionais da estrutura do mundo dos negócios, visando a uma sociedade mais sã, e considerando a sinceridade e a transparências nas relações, ferramentas poderosas para obtenção de resultados.

No fim da palestra, eu e Chan fomos conversar com o Jeremy, que me confidenciou ser um fã inveterado do Brasil e dos brasileiros, da nossa alegria e jeito de ser. Quando aprofundamos um pouco a conversa, ele ficou muito entusiasmado ao saber que eu e Chan havíamos nos conhecido ali na palestra, dada a forma como fazíamos perguntas no mesmo sentido e resumiu seu trabalho como um estudo sobre a força de se relacionar de maneira apaixonada:

– Tudo que eu falei aqui é sobre o amor, que é a base de meus estudos sobre a liderança corporativa.

Fiquei pensando na questão do Brasil. Em todo congresso em Denver, quando eu dizia ser brasileiro, sentia que não podia ser um melhor cartão de visitas. Todos, sem exceção, abriam um sorriso e falavam:

– Brasil? Que legal!

No primeiro encontro da delegação brasileira, com 70 pessoas, no Colorado Convention Center, estava presente o Dr. Roy Pollock, autor do *best seller 6Ds – As Seis Disciplinas que Transformam Educação em Resultados* (Évora, 2011). Ele disse que adorava a delegação brasileira, que sempre éramos os mais alegres, gostávamos das melhores comidas e fazíamos as melhores festas. Que deveríamos aplicar essa força em nossos negócios.

Essa percepção da importância do ambiente organizacional e do bem-estar dos colaboradores aparecia como preocupação número um em grande parte dos encontros, mas nem todos conseguiam ir a fundo na essência da transformação e na dimensão da mudança.

Alguns encaram essa mudança como romantismo e utopia, mas aqueles que levam essa proposta a sério já começam a colher o resultado da retenção de talentos e da criação de equipes de alto impacto. E adivinhem: a colher melhores resultados.

Isso também era coluna fundamental do discurso de Bruno Rouffaer, um escritor e professor Belga da Centrum Business School – PUCP, em Lima. Ele era coach internacional de líderes, e possuía uma argumentação contundente quando cruzava a necessidade da valorização do propósito de vida com a chegada de novas gerações e o tipo de regras impostas por elas: concentrar o foco em propósito, em vez de visar apenas a obtenção de lucros, otimizar o tempo, permitir o trabalho residencial, oferecer acesso direto aos postos mais altos, utilizar-se das redes sociais, promover um ambiente sem regalias aos chefes (como andares reservados), promover o altruísmo e livrar-se de colaboradores egoístas e competitivos, valorizar a liderança e não a autoridade, promover a colaboração dentro e fora da empresa, permitir que seja construído um caminho e uma história coletiva, preocupar-se com a comunidade, proteger e valorizar o ambiente e, em consequência, estar muito mais preparado para inovar e enfrentar novos desafios.

Esses temas listados soam como música para mim. Não estamos mais sendo educados e segurando a porta do elevador, tampouco tentando relaxar a mente por cinco minutos dentro de uma rotina destruidora.

Bruno faz um apelo ao senso de finitude, representa uma linha de sua vida na sala, demonstra que já cruzou a metade de seus dias e que espera viver feliz e gastar o tempo que lhe resta dedicando-se a algo que lhe dará prazer e que seja ainda positivo para os outros.

Em seguida ele lança um desafio ao público, perguntando se eles estavam felizes com suas rotinas e como pretendiam viver o resto de suas vidas. Questiona que tipo de vida pretendem proporcionar aos seus colaboradores ou ainda, a todos ao seu redor.

Quando adicionamos a este quadro a chegada dos *milleniuns* e as regras subversivas do mundo digital, constatamos o aparecimento de um combustível muito potente.

A demonstração de casos de sucesso, dados de pesquisas e vetores do mundo da web, faz o discurso imbatível e causa a deliciosa sensação de ver alguém falando sobre o futuro e trazendo soluções realistas que já estão sendo aplicadas.

É com esse discurso que se alinham às quatro habilidades da comunicação, elas se ancoram em três palavras: sinceridade, honestidade e transparência. Persuasão é uma das palavras mais lindas que existe. Educar é persuadir! Não existe nada mais bonito do que persuadir uma criança a respeitar os outros e a si mesma.

A boa comunicação entre as pessoas é o motor para todas essas transformações propostas por Jeremy, Jayson, Bruno e tantos outros que estão modificando os velhos modelos que não funcionam mais.

Persuadir não é engambelar, ter lábia, ser vendedor. Nós nos tornamos persuasivos quando somos reconhecidos como alguém em que se possa confiar de verdade. Persuadimos quando nossos valores e objetivos estão claros, quando dizemos aquilo que pensamos, quando construímos interesses comuns com nossos parceiros, dentro e fora da empresa.

Capítulo 9

Lembre-se de Esquecer!

Apesar de sugerir o contrário, nunca esqueci essa frase do filósofo Kant, nascido numa pequena cidade da Prússia em 1724, e amplamente considerado como o principal filósofo da era moderna.

A frase traz à luz da consciência aquilo que sempre julguei fundamental para compor minhas músicas: esquecer. Esse conceito poderoso é capaz de dividir "os músicos" em dois grandes grupos: os capazes de esquecer, e os incapazes.

A música é algo que se estuda, estuda, estuda... Mas, para tocar é preciso esquecer-se de tudo. Acredito que aquele que pretende compor deve procurar um estado de consciência em que é capaz de nada lembrar-se.

Como fiz da composição musical minha prática profissional, trabalho diário, nunca pude escolher o "dia" para compor. A composição deve nascer na hora em que precisa nascer, seja amanhã, hoje ou já. É um momento em que precisamos nos lembrar de esquecer e dar lugar ao conhecimento estudado que reside dentro de nós, e que, como quem cria pernas, é capaz de traçar caminhos próprios e vir ao nosso encontro.

O amadurecimento de "receber e acomodar" informações e conhecimentos estruturados transforma você no *"sabedor"* de algo, enquanto a prática constante não o torna um *fazedor*. A questão não é: *o que você faz?* Pergunta comum entre pessoas que se conhecem a poucos instantes. Você depara com alguém em uma festa e logo pergunta: *o que você faz?* Mas a pergunta deveria ser: *quem você é?*

Parece deselegante perguntar dessa forma, então você faz perguntas como: *o que você faz?*, enquanto analisa respostas e vai juntando as peças a fim de desvendar quem aquela pessoa é. Quando capazes de esquecer, fazemos aquilo que realmente somos.

O músico aprende caminhos harmônicos, o que pode ser popularmente chamado de *acompanhamento* e forma uma maravilhosa dupla com a *melodia*. Uma melodia e harmonia bem elaborados são um arraso. Nada é mais bonito! Tudo funciona. A música é capaz de nos falar ao coração, não é mesmo?

Nesse momento em que escrevo estou escutando a música "Always and Forever", de Pat Metheny & Toots Thielemans, algo maravilhoso que faz meu coração bater diferente. Não sinto a música entrando pelos ouvidos, mas pela barriga. O caminho não parece ser dos ouvidos ao cérebro, mas da barriga ao coração. Será que em um momento futuro a ciência descobrirá que é assim que de fato acontece?

Kant também diz que o *"Belo é tudo que agrada de maneira desinteressada"* ou, indo um pouco mais longe, *"Não somos ricos por causa das coisas que possuímos, mas pelo que podemos fazer sem possui-las"*, ou ainda, *"Tive que suprimir a ciência para dar lugar à fé."* Entende o que ele propõe? Então, lembre-se de *esquecer*.

Não só na música, mas em tudo, o poder do acaso, dos novos caminhos, do inesperado, é chama que acende nosso desejo de viver. Daí nasce a esperança.

Penso que todos exercemos a prática constante de escolher entre opções. A todo instante, dia após dia, somos "escolhedores" e tomamos decisões. E em nossas atividade profissionais decidimos tanto, e a todo instante, que nem nos damos conta.

Produzindo fonogramas, o convívio com o produto da criação se tornou bastante concreto, a ponto de termos que valorar o produto criativo. O cliente pergunta: *Quanto custará para vocês criarem isso para nós? Qual o preço?*

Seja lá qual for a sua atividade, a partir do momento em que faz escolhas diferentes das que outro profissional faria em seu lugar, você está no campo da criatividade. No mundo das escolhas. Daquilo que poderia ser de um jeito, mas será de outro (e a causa disso é você).

Certa vez eu estava compondo uma trilha sonora para um grande anunciante de telefonia celular, junto com o Hermeto Paschoal, reconhecido como um dos maiores músicos do Brasil. Hermeto é uma figura fantástica; ele é o melhor exemplo daquele que não é um fazedor. Nele a música e o ser são inseparáveis. Trabalhar com Hermeto é divertido e enriquecedor; ele provoca as situações mais engraçadas dentro de um estúdio de som, enquanto compõe músicas lindas.

Sampleamos o som de um celular para fazer a melodia da trilha com o próprio som do aparelho e depois disso Hermeto fez alguma coisa com um sintetizador, que já dava graça aos movimentos do filme. E eu gravei uma série de sons e ruídos de águas e pedras utilizando um grande balde e pedras que pegamos no jardim. O *making off* está disponível no site.

A gente costuma compor assistindo o filme sincronizado com nossos *softwares* de gravação. Estamos sentados no sofá da sala técnica do estúdio, quando alguém sugere que o próximo passo poderia ser gravarmos um piano.

Hermeto ficou chateado. Compreendi que ele gostaria de poder escolher esse caminho de outra forma e a música ficou sem piano.

Ele está imerso em um mundo de escolhas intuitivas; não quer ponderar; quer deixar a música vir ao seu encontro. Você já se deu conta de quantas vezes isso acontece em sua atividade? Quantas decisões você toma a todo instante sem precisar parar e ponderar sobre elas? Podemos considerar a isso como o mesmo que criar? Mas afinal, como criamos?

A criação acontece quando misturamos o que está dentro com o que está fora. É quando funcionamos como um *mixer* que une o interno ao externo. Essa mistura se utiliza de quatro elementos, que também podem ser percebidos como quatro camadas.

A primeira delas é a *percepção de mundo,* que tratamos em parte na *Mochila de Opini*ões. Agora experimente focar num universo abrangente de percepção de tudo à sua volta, e não naquilo que você identifica como formador de suas opiniões. Concentre-se em sua percepção de mundo no sentido mais amplo e abstrato.

A seguir vem o seu intelecto, que está ligado à sua inteligência e aos seus entendimentos. Para Aristóteles, *"a parte da alma com a qual esta conhece e pensa."*

Em seguida, vem a memória, ponto em que você pode considerar as suas referências, o seu repertório, o seu arquivo pessoal.

E, por fim, o seu *Ser*, a sua essência. Aqui podemos considerar a ação de algo que alguns chamam de intuição, ou a capacidade de discernir ou pressentir coisas, independentemente de raciocínio ou análise.

Você pode buscar um conhecimento profundo desses conceitos nos textos de Kena Upanishads. Trata-se de textos sagrados com origem estimada entre XVI e VII a.C. Quando acessamos simultaneamente essas quatro camadas, proporcionando algo a partir daí, estamos mergulhados no processo criativo.

As quatro camadas são apresentadas em ordem crescente, indo das mais superficiais às mais profundas e sutis. Mas elas se transformam em uma coisa só, e então a mágica do instante criativo acontece. A inovação e o fazer diferente ocorrem quando juntamos tudo. O que está dentro e o que está fora.

As quatro habilidades da comunicação também funcionam assim. Elas se completam e se tornam poderosas quando você as esquece, quando elas fazem parte de você. Os efeitos são poderosos em todas as suas relações.

É muito comum pessoas me pedirem dicas objetivas, uma listagem de pequenas fórmulas para um diálogo aberto e de boa qualidade. Essa lista pode ser feita como foi apresentada no primeiro capítulo, mas ele remete à velha forma do cérebro-habilidades-resultados. Porém, como disse o mestre Guga, isso provavelmente não lhe será muito útil quando alguém gritar *"Aeeee"* da arquibancada no instante que você levantar a bola para sacar um ponto importante. Sem analogias, isso não lhe será muito útil no calor de uma conversa mais profunda ou cortante.

Empenhe-se em compreender o conceito de deixar as quatro habilidades da comunicação serem assimiladas, e procure fazer disso algo leve dentro de você. Naturalmente você irá perceber os benefícios que tal conhecimento lhe proporcionará.

No fim do ano eu tinha interesse em fazer uma viagem diferente para passar o ano novo em algum lugar improvável. Depois de um ano viajando pelo Brasil, que local diferente eu poderia conhecer?

Havia um forte desejo de me enveredar por um Brasil desconhecido para aprofundar o conhecimento sobre esse país mágico em que vivemos, cheio de nuances e culturas especiais.

Tenho orgulho de ser brasileiro e penso que esse país é, sem dúvida, um lugar especial para se viver no momento contemporâneo.

Sou consciente de tudo aquilo que podemos melhorar e de tudo em que precisamos nos desenvolver, mas essa consciência passa pela percepção de que há recentes 200 anos, Dom Pedro I estava montado em um cavalo há poucas quadras de minha casa, no bairro do Ipiranga, às margens do rio. Em duzentos anos nós brasileiros construímos esse país pujante e maravilhoso, com muito trabalho.

Não venha me dizer que brasileiro não trabalha, ou que não faz as coisas acontecerem. O brasileiro trabalha muito e com todas as dificuldades vamos traçando nossos caminhos e construindo o nosso país num mundo cheio de dificuldades.

O brasileiro é animado, criativo e trabalhador esforçado. Disso eu tenho certeza absoluta! Olhe ao redor e perceba o que você vê. Pessoas encostadas que não estão nem aí com nada? Ou gente comprometida que trabalha duro?

O Brasil é repleto de gente muito boa em sua essência. Saia por aí viajando e encontrará pessoas querendo te ajudar a todo instante.

Gaste um lapso de tempo olhando para o mapa do Brasil e descobrirá que é um imenso local despovoado na maior parte de sua extensão. Um país em construção. Um país recém-nascido.

E foi a partir daí que a Bianca, minha namorada na época, propôs irmos ao encontro de uma tribo isolada, a tribo dos Huni Kuins, no estado do Acre, na divisa com o Peru. Ela tem uma capacidade incrível de organizar viagens, e aquilo (que parecia bastante improvável) aconteceu.

Conto essa história por que ela está intimamente ligada às habilidades da comunicação e do lembrar-se de esquecer.

Ao fazer o pedido para adentrar a área de reserva indígena, assinamos uma pilha gigante de papéis, assumindo todos os riscos da viagem (uma lista sobre os perigos especificados um a um, explicitando a possibilidade real de contração de doenças, picadas de insetos peçonhentos e inexistência de postos de saúde).

Havia também a possibilidade da aproximação de povos indígenas sem contato com a civilização o que, nesse caso, nos obrigaría a imediatamente sair para a cidade. Mais tarde eu saberia que, caso isso acontecesse, seria totalmente impossível a retirada.

O trajeto até a capital, Rio Branco, já é uma viagem de dimensões continentais, algo a que nós brasileiros já estamos acostumados. Não nos damos conta do tamanho de nosso país.

Ao chegarmos em Rio Branco, estávamos exaustos e dormimos da uma às cinco da manhã. Então, pegamos outro avião para, depois de uma hora e meia de voo em cima da floresta totalmente desabitada, chegarmos no povoado de Jordão, município com o sétimo pior IDH (índice de desenvolvimento humano) do Brasil, uma medida concebida pela ONU para avaliar a qualidade de vida e desenvolvimento econômico. Um local onde, caminhando pela rua, fui abordado por dois rapazes que, cientes da minha condição de "pessoa de fora", indagaram se por acaso eu não saberia arrancar um dente.

Enquanto sobrevoávamos a floresta, sentimos um certo frio na barriga na realização objetiva de que realmente havíamos nos afastado daquilo que pode ser chamado de zona de conforto. Apesar de termos nos preparado e estarmos muito felizes, tal percepção trazia sentimentos desconhecidos, de certo receio, mas muito bons.

Se você teve a oportunidade de conhecer uma acrópole grega ou o coliseu em Roma, pode ter sentido isso. Você sabe que aquilo existe, mas quando chega ao local o impacto é retumbante. *Então, isso existe mesmo?* É o que geralmente nos perguntamos.

A vista do avião é semelhante a de um oceano verde, sem montanhas nem variações, é literalmente um mar de árvores. Estávamos viajando há mais de um dia, fazendo algumas conexões para chegar em Rio Branco e, apesar de ansioso, o cansaço me fazia pegar no sono. Uma cochilada aqui e outra ali e, ao abrir os olhos, nada havia mudado na paisagem: floresta e mais floresta.

Chegamos no aeroporto de Jordão, um tipo de quiosque sem paredes, onde algumas poucas pessoas esperavam os familiares ou mantimentos trazidos de Rio Branco. São 450 Km de distância entre os dois municípios. O povoado de Jordão está na fronteira do Brasil com o Peru.

Ali é o encontro da cidade com a floresta e a população da cidade é de aproximadamente seis mil pessoas, enquanto o povo indígena dos Huni Kuin tem sete mil índios espalhados pela floresta.

Nesse aeroporto sem paredes esperamos alguns poucos minutos, até que apareceram alguns índios para nos buscar. A nossa viagem estava longe de terminar ali, pois ainda viajaríamos o mesmo tempo de voo, uma hora e meia, só que agora de barco, floresta adentro até a aldeia onde passaríamos 8 noites, entre elas a noite de 31 de dezembro e de 2 de janeiro, meu aniversário.

Bianca conseguiu que fôssemos recebidos na aldeia do falecido Manduca Ika Muru, considerado o pajé mais importante do povo Huni Kuin. Ele viajava pelas aldeias, a fim de transmitir seus estudos da cura por meio das plantas e da natureza, e acabou registrando tudo em caderninhos que deram origem ao livro *"Uma Isi Kayawa – O Livro da Cura"*, de sua autoria e coordenado pelo botânico Alexandre Quinet. *O Livro da Cura* foi um dos vencedores do prêmio Jabuti de literatura em 2015, na categoria Ciências da Natureza, Meio Ambiente e Matemática.

"O pajé Ika Muru era um cientista da floresta, observador das plantas. Há mais de 20 anos ele vinha reunindo esse conhecimento, até então oral, em seus caderninhos. Buscando informações com os mais antigos e transmitindo para os aprendizes de pajé. Ele tinha o sonho de registrar tudo em um livro impresso, como os brancos fazem, e deixar disponível para as gerações futuras" – conta Alexandre Quinet.

Ao viajar de barco em direção a aldeia, a sensação era a melhor possível, uma realização suprema, um sentimento fantasioso e real de entrar dentro de um livro de história, de voltar no tempo, ou ainda, de sonhar acordado.

Na frente do barco ia o netinho de Ika Muru e, enquanto subíamos o rio, absolutamente tudo tinha cheiro e frescor do desconhecido. Recebíamos o calor do sol escaldante da Amazônia e também uma forte chuva, que nos deixou encharcados e, em poucos minutos, completamente secos.

O barco encostou num barranco e subimos pela terra, onde nossos pés afundavam na lama. Em seguida caminharmos mais um bom percurso a pé e avistamos as casas de madeira suspensas do chão, onde fomos recebidos por dezenas de crianças e pelos índios na aldeia. Chegamos!

Ali eu viveria os dias mais intensos e inesquecíveis da minha vida, algumas vezes feliz e outras infeliz, algumas vezes encantado e mergulhado no momento e outras desejando nunca ter ido.

Levamos uma barraca que foi montada num quarto de uma casa de madeira e onde já haviam duas redes, uma de Paulo Oliveira, um mineiro conhecedor dos costumes dos índios Tapajós, e a outra de Diogo Lemos, um português da cidade do Porto, estudante de medicina que viajava pela América do Sul em busca de experiência e conhecimento. Os dois, pessoas de extrema simpatia e generosidade.

Nosso grupo era formado por mais duas cariocas, entre elas uma que havia feito a ponte com os povos indígenas, uma peruana, um casal de holandeses com uma filhinha linda de sete anos.

Largamos nossas coisas neste quarto e fomos levados para nossa primeira refeição numa espécie de varanda suspensa de madeira, onde conhecemos a esposa de Ika Muru, que coordenava a "cozinha". Ali foram colocados no chão algumas travessas com mandioca, banana, amendoim e milho.

Foi nessa primeira refeição que comecei a perceber onde estávamos de verdade, numa tribo de índios da Amazônia. Nenhuma semelhança com os índios que possuem carros e televisão de plasma, uma família da floresta.

Acho que eu poderia ficar aqui descrevendo essa sensação por páginas e mais páginas, porque aconteceu um efeito totalmente apaixonante e, ao mesmo tempo, que me causava inquietude e me lançava num mundo de dúvidas de toda a espécie. A "força" da floresta é muito poderosa, como se você estivesse em outra dimensão temporal de realidade.

Olhar os índios vestidos com suas penas e batas, andando pela aldeia, ouvindo o ecoar de conversas na língua nativa; viver nesta outra realidade é como viver um segundo que nunca termina.

Ali passávamos o dia olhando para tudo, fascinados. Alguns índios falam um português rudimentar e em pouco tempo me acostumei a escutar com naturalidade o hatxa-kuin.

Passamos o primeiro dia descansando da viagem e fomos dormir cedo, para no dia seguinte fazermos um passeio a pé e conhecer uma Samaúma, a Rainha da Floresta, uma árvore de mil anos. Ela chega a atingir noventa metros de altura, é sagrada para os Huni Kuin e também chamada por eles de "Escada do Céu" ou "Árvore da Vida". Durante o passeio, um índio com quem depois eu teria muita aproximação me ofereceu para aplicar um colírio natural. Ele colheu e dobrou cuidadosamente as folhas de uma planta rasteira e, com ela, fez uma espécie de triangulo, semelhante a um frasco de perfume. Pediu que eu me ajoelhasse e, espremendo as folhas, despejou um líquido bem vermelho, de coloração forte como sangue, nos meus olhos. A sensação foi muito agradável de limpeza e alívio. Depois da aplicação pensei: *Acho que eu estava precisando disso há anos. Voltei a enxergar!* Agora eu estava pronto para ver a Samaúma.

Quando você chega perto de uma árvore dessa idade, é como se ela falasse com você. Imediatamente começamos a sussurrar ou ficar em silêncio, devido ao respeito de estar em sua presença. Isso acontece naturalmente.

Pessoas sensíveis provavelmente vão querer abraçar a árvore ou sentar-se perto dela e chorar. A energia que emana da árvore nos faz sentirmos no santuário da paz e da natureza. Naquele momento, os índios já apresentam o seu cartão de visitas, marcado pela generosidade, te levando para conhecer aquilo que eles têm de mais imponente e valioso. No pé da Samaúma, se você ficar calado e esperar que aconteça, eles contarão lendas do povo Huni Kuin. Apesar da dificuldade com a língua, o que você não entender pela razão entenderá de outra forma, se chegou até lá, estará preparado.

Já no segundo dia de viagem fomos informados que, na passagem do ano, haveria o batismo Huni Kuin, um momento de grande importância na aldeia e para o qual fomos convidados a participar.

O batismo é um momento em que vários jovens fazem a passagem da vida de criança para integrar as atividades e funções sociais dentro da aldeia. São três dias em retiro, deitados na rede, sem sair ou se comunicar com os outros; um momento de desenvolvimento interior e de escolhas.

As redes são colocadas lado a lado no galpão central da aldeia, onde podem ser vistas por todos. Ali serão realizados diversos rituais com significados elevados. É quando o jovem escolhe seu caminho de dedicação e trabalho, como por exemplo, seguir os estudos de medicina a fim de se tornar um pajé, fazer parte da agricultura, da caça, do artesanato, da educação ou da segurança.

A possibilidade de participar de um batismo como esse é muito preciosa. No meu caso, pelo fato de eu estar excitado com a ideia de conhecer os arredores e viajar pelo rio para encontrar aldeias mais distantes, foi complicado me voltar para o interior, acalmar a mente e mergulhar no silêncio.

Tive que pegar emprestado uma rede, pois havíamos levado somente uma. Ficávamos deitados na rede o dia e a noite, saindo apenas para fazer as necessidades, o que raramente acontecia, pois comíamos muito pouco, pequenas porções de banana verde, amendoim e milho. Foram três dias sem tomar banho e sem beber água.

Geralmente quando conto isso as pessoas perguntam: *E você aguentou três dias sem tomar água?* Sim! Depois das primeiras horas e no processo do batismo a água é esquecida e a fome também, acredite.

Um pajé veio especialmente para celebrar o ritual. Ele era da Aldeia do Coração da Floresta, situada a seis horas de canoa, subindo o rio Jordão, e depois caminhando mais uma hora para o interior. Ele explicou que o batismo ensina o jovem a não ser guloso, comer apenas o necessário. Ensina também que nosso corpo resiste sem tomar água por mais tempo do que pensamos. O silêncio é para que o jovem aprenda a não ser um "falador", aquele que exagera na fala. E assim, aprender sobre si, e aprender a olhar para dentro.

Quando saíamos da rede para participar de alguma atividade, deveríamos estar com lenços na cabeça, sem olhar para as estrelas ou para o horizonte, mas de preferência para o chão ou para nós mesmos.

O ataque dos insetos era cruel. Havia uma espécie de pulga voadora que entrava na roupa e picava as costas. Eles entram pela parte de baixo da rede enquanto você dorme e atravessam o tecido. Havia uma outra espécie que era invisível, de tão pequena, que somos incapazes de enxergar, mas picavam bastante. As picadas coçavam por dois ou três dias e desapareciam.

Se você tiver a oportunidade de ir à cidade de Bonito, no Mato Grosso do Sul, fará uma viagem encantadora. Conhecerá as savanas, os cerrados e as nascentes dos rios com águas puras e cristalinas. Quando mergulhei no rio da Prata, tive a vontade de ficar lá para sempre, e não sabia se enfiava a cabeça na água para ver os peixes coloridos de todos os tamanhos e formatos, se entrava dentro de um cardume, ou se deixava a cabeça do lado de fora para contemplar araras, tucanos, borboletas e macacos. Parecia um show coreografado da natureza. Como pode? Tudo ao mesmo tempo?

Na floresta é diferente, a natureza tem um discurso poético, porém ríspido. Os animais são raros, a terra é dura e seca, caminhar sozinho dá medo, os insetos peçonhentos são abundantes e a dimensão do tempo parece ser outra.

Viver na floresta não é como viver no mato... é bem diferente.

O batismo seguia uma sequência de rituais, como acender o fogo sagrado que será mantido até o final do batismo ou sair pulando pela aldeia todos de braços dados até não aguentar mais.

Tenho um pequeno caderno, onde anotei catorze rituais e seus significados sempre profundos. Explicá-los um a um seria como enveredar por um caminho muito complexo e de interpretações particulares. Não há um só movimento que não tenha uma mensagem de aprendizado. Os Huni Kuin são muito inteligentes e intensos.

Há, porém, um deles que não posso deixar de contar: a noite das canções das mulheres. Quando cai a noite e a aldeia vai ficando em silêncio, entramos em contato com o som da floresta. Mas em uma das noites do batismo todas as mulheres se aproximam do galpão onde as redes estão penduradas e fazem uma longa cantoria.

Como sempre, estávamos fechados dentro da rede e as mulheres da aldeia cantavam caminhando em volta das redes, fazendo um efeito musical inimaginável. Eram muitas mulheres cantando juntas e, num instante, a voz melodiosa de uma delas está colada em seu ouvido. Isso dá lugar a uma criancinha de quatro ou cinco anos de idade; e você está deitado na rede apenas ouvindo, se beliscando e possivelmente, enxugando as lágrimas.

O povo da floresta vive em constante celebração da vida, dentro de uma simplicidade aguda, no que diz respeito ao luxo ou conforto do homem da cidade. Eles festejam cada dia com música, dança e orações.

Uma viagem como essa está totalmente ligada ao mergulho espiritual, aos valores da família, ao respeito à natureza e à relação com Deus ou, se preferir, à relação com aquilo que você é incapaz de compreender.

Se você é pai ou mãe, provavelmente passou pela experiência de deixar seu filho na escola e depois buscá-lo no final da tarde ou manhã. Nos grandes centros urbanos, é comum os pais deixarem os filhos na escola, inclusive, durante as "férias" escolares. São os chamados cursos de férias. Os índios nunca fizeram isso. Eles vivem juntos com os filhos todos os dias da vida.

Você deve receber na sua casa alguns boletos para pagamento, aquilo que chamamos de contas para pagar. É natural nos encontrarmos em constante preocupação com questões de ordem orçamentária para quitar nossos compromissos e tornou-se um natural equívoco na nossa sociedade acabar transformando esses pagamentos em nosso propósito de vida: pagar as contas. Primeiro você resolverá esta questão e dai sim estará pronto para pensar em todo o resto.

Os povos da floresta vivem em outra dimensão; não há e nunca houve boleto nenhum e assim viveram por todo tempo, mesmo antes da invasão europeia ou aquilo que na escola aprendemos a chamar de descobrimento do Brasil.

Se por um lado chegar até a aldeia foi um ato aventureiro, voltar de lá provoca um sentimento bastante confuso em relação àquilo que chamamos de ordem.

A comunicação com os Huni Kuin, cujo nome significa *Gente Verdadeira*, passava por entender os significados, estar presente, saber brincar e abandonar velhas crenças.

Os índios prezam a sensação da intimidade. Às vezes, eles podem te levar a um local para sentar-se com você olhando para o rio e ficar em silêncio. Se ele se sentir em sintonia com você, vai fechar os olhos e experimentar a sua companhia. Se tudo estiver em harmonia, ele começará a cantar de olhos fechados e permanecerá cantando, ao perceber que você foi embalado pela energia do momento, que está relaxado e entregue. Ele começará a rir e te olhar como quem diz: *Você percebeu? Estamos aqui.*

Quando olhamos dentro dos olhos de uma criancinha da tribo, provavelmente ela ficará te encarando, pois entramos em contato com uma pureza infinita de um ser doce e sem maldade. Mais tarde começamos a reconhecer essa mesma pureza no olhar dos índios adultos; nesse momento começamos a entrar em sintonia com a forma de comunicação da Gente Verdadeira.

O maior aprendizado é o caminho, é perceber que essa gente verdadeira da floresta te ensina a identificar a pureza natural do ser humano, mas ela está espalhada por todo o mundo, em todos os continentes.

Essa viagem foi também um mergulho no universo da persuasão. Ali pude colocar à prova as 4 habilidades. Certo dia, Isaka aproximou-se com a sua mulher e os seis filhos para mostrar a família. Eu logo me encantei por uma de suas filhinhas lindas e perguntei a ele como ela se chamava. Ele pensou um pouco e perguntou à sua mulher. Então, ela também precisou pensar para, enfim, dizer o nome para mim. O mesmo se repetiu com os outros filhos, pois eles não se lembram do nome. "Como as pessoas se chamam", não é importante para eles. O Universo Compartilhado e o significado das palavras têm sentido muito profundo aí.

Os Huni Kuin também não possuem numerais... um, dois, três etc. Eles não contam desta forma. Existem coisas, mas não uma quantidade específica de coisas. Ao adentrar naquela cultura, há de se entender o universo compartilhado que se iniciará, ele será construído praticamente do zero. Muitos têm o impulso de ensinar quando adentram a aldeia, mas de fato o que há lá é muito o que aprender.

A capacidade de viver o momento é fundamental para a relação com os povos indígenas: Estar Presente. Essa escravidão da rotina alucinada e a correria dos centros urbanos lá na floresta é encarada como uma completa desconexão com a relevância do viver e se relacionar. Quando estávamos prestes a fazer uma viagem de barco, começou uma grande chuva. Eu fiquei logo ansioso por saber se não iríamos mais, mas um índio apenas me orientou que, quando chove, é hora de meditar. O momento presente nunca é questionado, ele é aceito.

Brincar é a única forma de fazer uma viajem como esta. Se em algum momento eu passei a ideia de que este pode ser um local legal para fazer turismo ou passar as férias, esqueça! Uma viagem como essa vai te tirar totalmente de sua zona de conforto e saber brincar com a sua percepção de existência será um grande aprendizado.

E, por fim, abandonei por completo minha mochila de opiniões. Ela ficará vazia como nunca por um bom tempo.

O conhecimento das quatro habilidades me proporcionou a chance de me relacionar de uma forma muito sincera e pura, sendo que a elas era acrescentada a todo instante a habilidade de ficar em silêncio, aquela que os índios mais usam para conhecer alguém.

O nome dado no batismo Huni Kuin não é como o nome individual; é seu nome de "família" Huni Kuin. Esse nome os índios não esquecem, pois é o grupo do qual você faz parte dentro da aldeia. No meu caso, o nome recebido foi uma grande honraria, que muito me orgulho, e creio que um sinal de que consegui me aproximar carinhosamente através da persuasão.

Como num batismo convencional, ao final recebi meu nome Huni Kuin que é Busan. Busan, o nome do cacique da segurança da aldeia, filho de Ika Muru. Meu nome me foi anunciado por sua mulher e, em seguida, o cacique Busan veio em minha direção explicar que agora eu era seu *charapan,* uma espécie de parentesco. Naquele momento enxerguei dentro do seu olho aquela pureza de criança.

Você deve ter uma foto sua quando pequeno. Proponho que carregue uma foto sua de criança com você. Costumamos levar apenas as fotos de filhos ou de crianças queridas, mas deveríamos olhar diariamente uma foto nossa para lembrarmos quem somos. É preciosa a ideia de perceber que não éramos uma coisa que não somos mais. Ainda somos aquele que seremos para sempre!

Na última noite os índios fizeram uma grande celebração espiritual, uma festa com a participação de toda a aldeia, todos com roupas lindas e pinturas corporais refinadas. Assistimos lindos discursos de caciques e pajés falando sobre a experiência de pela primeira vez receber gente de fora para passar um tempo na aldeia com eles. Era muito emocionante quando entendíamos a linguagem e o amor verdadeiro com que eles se referiam a nós. Fomos convidados a aproveitar a festa, cantar e dançar. Eram dez horas da noite e nosso cacique informou que voltaríamos a conversar quando o sol nascesse.

A festa se dava com música e dança em volta da fogueira. As conversas viriam com o nascer do Sol, ou seja, não haviam rodinhas de bate papo. Todos estavam voltados a sentir a energia do fogo, da lua, das estrelas, do ar, das plantas, do grupo ou individual. A energia de cada um podia ser sentida. Os Huni Kuins te conduzem a perceber a energia individual de cada ser.

A etapa inicial da festa era no espaço central da aldeia; uma etapa de silêncio, oração e meditação no escuro. Em seguida, uma etapa de celebração e dança em volta do fogo até o amanhecer, a etapa final de discursos, histórias, depoimentos e homenagens.

A celebração foi uma festa muito animada, com a música conduzida por Isaka Huni Kuin. Os índios tocam o violão, mas usam apenas as posições fundamentais de Dó, Sol e Ré. O violão é acompanhado por cantorias afinadas e por tambores de rítmica aleatória, formando uma musicalidade forte e genuína.

Fiquei muito impressionado com a musicalidade de Isaka, um músico de fôlego incomparável, capaz de cantar por horas sem parar. Impressionante! Nem preciso te lembrar que não tem microfone e nem caixas de som, não é? A festa é ao ar livre e o som é feito por todos cantando. É a força da música em seu estado bruto e humano.

Meses depois, por essas coisas que a vida nos traz, consegui que Isaka Huni Kuin viesse ao meu estúdio gravar uma música de sua autoria. Utilizando essa gravação como trilha sonora, fiz uma compilação de fotos da viagem que estão à sua disposição no site do livro.

A manhã se fez radiante, arrumamos a mala e desmontamos tudo, ainda inebriados pela força da festividade. Ao me afastar da aldeia, com a mochila nas costas, parei e fiquei olhando para aquilo tudo: as casinhas de madeira dos índios soltando a fumaça, todas aquelas emoções e o contato com aquele povo verdadeiro.

Era difícil partir, como é difícil partir agora dessa viagem em que você generosamente me acompanhou, saindo lá da varanda da casa do Ribeirão da Ilha e, página por página, seguindo até aqui.

Tenho certeza de que, a partir de hoje, você conhece os caminhos da persuasão e que isso será de grande valia a você e a todos ao seu redor.

Vamos fazer deste momento de convivência contemporânea, que chamamos de vida, o melhor possível. A partir da sinceridade, da honestidade e da transparência. Quando houver qualquer dúvida do caminho a seguir, busque uma foto sua de criança, olhe bem nos seus olhos e lembre-se de quem você é.

Recapitule as quatro habilidades da comunicação, compreenda como elas funcionam, faça delas suas companheiras e descubra quanta gente verdadeira está a seu redor e à sua procura.

TEXTOS ADICIONAIS

Prefácio

Este livro não tem prefácio, reparou? A ideia é que ele – o prefácio – seja escrito por você, revelando assim suas percepções sobre o que leu e o que considerou interessante. Escreva um texto do tamanho que quiser, desde uma frase até mesmo um artigo. Publique em minha fanpage no Facebook: alvarofernandopalestras. Para mim será precioso conhecer e compartilhar suas ideias. ;)

Vídeos

O livro possui um canal no You Tube, onde você poderá conhecer a casa do Ribeirão da Ilha, a Aldeia Huni Kuin e tudo o mais. Digite "Comunicação e Persuasão Alvaro Fernando" no buscador do You Tube e encontrará o canal. Sugiro, entretanto, que você leia o livro primeiro e depois continue a se divertir no canal. :)

Brasil

Tive a felicidade de viajar como músico por muitas partes do mundo. A primeira pergunta que nos fazem é: *Where are you from?* Sempre respondi com orgulho: Brasil!

Essa palavra arranca um sorriso nos lábios de todo estrangeiro. Por quê? Fiz essa pergunta outro dia a uma caixa de uma loja de sapatos em Denver, no Colorado: Por que você e outras pessoas fazem essa cara quando ouvem "Brasil"? Ela respondeu: Porque nós adoramos o Brasil!

Há menos de 200 anos, Dom Pedro I estava sobre um cavalo aqui no bairro do Ipiranga, em São Paulo, e, em pouco tempo, construímos esse país gigante. Ele foi feito às pressas e não é perfeito, mas é um país sensacional! Um país sem inimigos, da paz, sem guerras! Rico em tudo que você possa chamar de riqueza e de um povo bom e verdadeiro.

Apaixone-se pelo Brasil será extremamente motivador para a conquista de seus desejos individuais e particulares.

Argentina

A Argentina, assim como o povo argentino, é maravilhosa. Lá não tenho parentes e nem alguém de meu relacionamento íntimo, mas sou sempre bem tratado e recebido com apreço. Que vizinhos poderíamos escolher que nos fossem tão bons? Temos com eles uma rivalidade futebolística? Que ótimo, sinal que temos cultura semelhante e gostamos do mesmo esporte, nada mais! Um povo com uma cultura linda e que está ao nosso lado para parcerias e troca de conhecimento. A próxima vez que você ouvir gozações com argentinos, pense bem...

Sobre os Índios

Se você se encantou com a viagem à Amazônia e ficou interessado em conhecer uma aldeia isolada, programe-se bem antes de fazê-lo. A viagem traz muitos riscos à saúde. Muitos voltam de lá e vão parar no hospital com doenças desconhecidas e bastante sérias. Esse mesmo processo que acontece na volta, acontece na ida. Você pode levar e espalhar por lá vírus desconhecidos por eles.

Tom Coelho

Visitando um site sobre palestrantes encontrei Tom Coelho. Achei criativa e inteligente a forma como revelava o motivo das letras serem ordenadas em nossos teclados : (a-s-d-f-g-h-j-k-l na linha central, e assim por diante).

Através deste exemplo, ele explicava nossa resistência às mudanças com um argumento incontestável. Achei tão interessante que procurei o palestrante e contei minha vontade de ser palestrante profissional.

Tom Coelho me recebeu de braços abertos, me encheu de informações, conselhos, prestou todo tipo de ajuda, apresentou pessoas e continua a fazê-lo até hoje. Obrigado por seu exemplo de generosidade.

Arte de Viver

O contato com a fundação Arte de Viver tornou-se fundamental em minha formação. Se você tiver algum tipo de desejo de conhecer uma fundação pacifista e de combate ao estresse no planeta, não perca a chance. Agradeço a todos aqueles que direta e indiretamente possibilitaram o estudo da filosofia oriental e o conhecimento deste caminho. Um agradecimento especial para Adriana Ambrósio, Ale Lopes, André Pereira dos Santos, Cristina Armelin, Esmeraldo Batista de Oliveira, Ilana Volcov, Jefferson Tong, e Ramiro Mora.

Casa no Ribeirão

Que momento delicioso estar naquela varanda vendo o sol se pôr mais uma vez. Um dia a menos ou um dia a mais?

Agradeço aos queridos Andrea e Eduardo Bayeux por me proporcionarem experiências tão sensíveis junto a natureza catarinense e a possibilidade de escrever este livro naquela varanda cheia de magia.

Amigos

Como dizem Fernando Brant e Milton Nascimento: "Amigo é coisa para se guardar debaixo de sete chaves, dentro do coração", é assim que guardo meu amigo, e irmão, Fernando Pureza.

Principais Temas de Palestras
Comunicação e Persuasão –
O Poder do Diálogo

A habilidade de se comunicar com clareza é a mais importante do profissional contemporâneo. O bom desempenho em qualquer atividade depende cada vez mais desta capacidade.

Você se comunica bem ou prefere considerar que os problemas causados pela má comunicação acontecem, na maioria das vezes, pela falta de atenção de seu interlocutor?

Em nossa vida pessoal a boa comunicação fortalece nossas relações e é nas relações que encontramos algo muito precioso que chamamos de felicidade.

Imagine-se numa casa linda, de frente para o mar no sul da França, com a geladeira repleta com tudo de bom e de melhor, mas sozinho. Em alguns dias você chegará à conclusão de que sua vida é um "galho seco". Pois é nas relações pessoais que encontramos aquilo que a vida nos oferece de mais valioso.

Quantas vezes escutamos: *Não foi nada disso que eu falei! Você está colocando palavras em minha boca!* Ou ainda: *Eles não me entendem!*

Nesse encontro, trataremos das quatro habilidades da comunicação e do poder de persuasão que identifiquei em mais de 3000 reuniões que realizei com os maiores anunciantes do Brasil: "Universo Compartilhado"; "Estar Presente"; "Saber Brincar"; e "Mochila de Opiniões".

Conceitos simples e poderosos na arte de se comunicar e se tornar mais persuasivo e atraente.

Protagonismo e Propósito de Vida

Entendo por propósito a intenção de fazer algo, aliado aos nossos valores mais elevados.

Algo que me acontece diariamente é ligar para alguém e perguntar: *E aí, como é que você está? Como anda essa vida?* E, invariavelmente, escuto sempre a mesma resposta: *Estou na correria!*

Você liga para um amigo e ele está na correria. Não é assim? Que correria é essa?

Quando ficamos muito tempo sem encontrar alguém, voltamos a ligar... *E aí? Como andam as coisas?* E a resposta se repete: *Estou na correria ainda...*

Apesar dessa correria toda, analisando friamente, percebemos que todos a nossa volta parecem estar no mesmo lugar. Uma correria que, aparentemente, nos leva a lugar nenhum. Você já se sentiu assim?

Essa é a correria de uma vida sem protagonista ou sem propósito; uma correria em direção ao nada.

Quem conhece o pensador alemão Goethe, provavelmente conhece a frase: "Quem é firme em seus propósitos, molda o mundo a seu gosto". Uma frase inspiradora, cujo significado vem sendo abandonado por todos conjuntamente.

Enfrentamos o paradoxo de não saber mais ao gosto de quem o mundo está sendo moldado.

A palestra "Protagonismo e Propósito de Vida" propõe uma reflexão sobre a valorização do tempo, o senso de finitude, o aspiracional de alta qualidade e a identificação dos desejos mais elevados.

Você tem abertura para mudar de opinião sobre aquilo que considera irremovível?

Será que a realização profissional e pessoal é algo que está ao alcance de todos ou é uma especiaria para os paladares de poucos atrevidos?

Às vezes nos esquecemos de nossa essência verdadeira e alguns atalhos da rotina vão se tornando o caminho principal. É nesse momento que temos que rever nosso propósito, lembrar nosso papel e viver a vida plenamente.

Where Are You From?

O que passa na cabeça de um estrangeiro quando ouve a palavra "Brasil"?

Esse é o tema da palestra, afinal como entender a si mesmo e o meio em que está inserido.

Uma palestra motivacional dirigida a líderes de equipes e profissionais de recursos humanos que tenham interesse em um discurso contemporâneo e entusiasmante sobre uma palavra que faz qualquer estrangeiro abrir um sorriso nos lábios: "Brasil".

Eu tenho uma ótima notícia para você e para os seus colaboradores: você é brasileiro! Já pensou nisso profundamente?

Um lugar sem guerras, sem acidentes naturais e rico em beleza e natureza; com um povo alegre, sensível, inteligente, diverso e hospitaleiro.

Um povo capaz de construir, em apenas duzentos anos, cidades modernas e maiores do que as cidades da Europa.

Um encontro que parte do centro de São Paulo, passeia por diversos países, por uma aldeia isolada de índios Huni Kuin, na divisa do Acre com o Peru, e desemboca novamente nos grandes centros urbanos do Brasil.

O Brasil é um enorme sucesso!

Inovação e Processo Criativo

Afinal, como criamos? Como aprovamos os projetos mais ousados?

Num mundo onde se fala diariamente sobre inovação e todos procuram por uma ideia fenomenal *"Que saia da curva"*, *"Que esteja fora da caixa"*, o que fazer para maximizar a capacidade de pensar o novo e identificar o potencial no diferente?

Uma palestra que trata sobre este *"insight"*, este momento único de formatação daquilo que é fruto de um conhecimento já adquirido.

Um momento para pensarmos ao mesmo tempo sobre percepção de mundo, intelecto, memória e essência de ser.

Quando acessamos esses quatro elementos simultaneamente, entramos no processo criativo.

Entender estes conceitos e aplicá-los ao universo corporativo foi minha prática diária ao longo dos 25 anos em que fui contratado para desenvolver fonogramas criativos para os maiores anunciantes do Brasil.

Um encontro que trata de prazos apertados, responsabilidade, entendimento de processos e trabalho em equipe.

Também fala sobre a *valoração* daquilo que se cria de como potencializar o nascimento e desenvolvimento das ideias que não sejam "as mesmas de sempre".

www.dvseditora.com.br